Un Héros

et

Un Chrétien

Un Héros

et

Un Chrétien

Capitaine Antonin-Henri LAROQUE

AURILLAC
IMPRIMERIE MODERNE
—
1922

TABLE DES MATIÈRES

AVANT-PROPOS

Cette notice n'est pas l'histoire complète et détaillée de la vie du Capitaine Antonin Laroque. Elle est à sa mémoire ce que fut à sa tombe militaire la modeste clôture de branchages qu'attachèrent en hâte ses camarades de combat au-dessus du tertre où il dormit quelque temps, en Syrie, son sommeil de gloire.

S'il est impossible de suivre pas à pas celui qui égraine ses exploits sur tant de champs de bataille, il est encore plus difficile de suivre quelqu'un qui, dépassant de parti pris les limites du simple devoir, s'efforce de voiler aux regards la splendeur de son héroïsme.

Toutefois, les témoignages qui nous sont venus des officiers et des soldats de son Régiment, et les nombreuses lettres qu'il a écrites nous ont suffisamment révélé la physionomie de ce jeune capitaine.

Pour éviter de nous substituer à lui, en retra-

çant son portrait, nous nous sommes contenté de le laisser parler, ou d'interroger les témoins de sa vie ; et, ces quelques pages sont surtout faites des lettres du cher disparu.

Sans doute, des milliers d'autres firent ce qu'il fit ; et, sans de multiples instances, nous n'aurions pas livré à la publicité cette modeste notice uniquement destinée à rendre plus vivant à un petit orphelin de quatre ans le souvenir d'un tendre père qu'il n'aura pas connu.

Mieux que personne nous connaissons l'imperfection de notre œuvre, et nous demandons à ceux qui daigneront nous lire d'excuser notre témérité.

Pour sa famille qui trouvera dans l'héroïsme et la foi de celui qu'elle pleure un légitime consolation :

Pour la petite patrie d'Auvergne à qui appartient — magnifique patrimoine — la gloire de chacun de ses enfants.

23 Avril 1922.   X.

L'ENFANT

Le chrétien dont nous avons la mission d'esquisser la vie appartenait à une famille où la foi, l'amour du travail et l'union firent toujours régner la paix et le bonheur à leur foyer. Cette famille s'honore d'avoir donné à l'Eglise bon nombre de prêtres, de religieux et de religieuses même au cours de ces dernières années.

Antonin-Henri-François Laroque naquit à Marchastel, le 2 octobre 1889. Il puisa dans sa famille avec les leçons et les exemples de ses parents des convictions religieuses qui firent le fond même de son âme, et furent la source d'où procéda plus tard sa bravoure chevaleresque.

Antonin avait deux ans lorsque mourut son grand-père paternel. Plusieurs membres de la famille entouraient la dépouille mortelle lorsque l'enfant s'approchant prit sur le lit du défunt le Christ qui reposait sur sa poitrine et, de lui-même, le fit baiser à toutes les personnes présentes. Ce geste d'enfant fait déjà prévoir comment son âme de chrétien prendra et baisera, au cours de sa vie, les croix amères qu'il devra accepter en attendant l'heure, où non loin du sol arrosé par le sang du Christ, étendu sur un brancard comme sur la Croix, il versera glorieusement son sang pour la cause de la Patrie, en combattant pour la France contre le Croissant.

Trois mois après la mort de son grand-père, Antonin revient à Thiézac — lieu d'origine de son père — pour les vacances du jour de l'an. Tout à coup, en montant l'escalier, il dit : « *Faut faire doucement, Grand-Père dort.* » [1]

Antonin avait à peine huit ans lorsque son père fut ravi à son affection.

Catholique convaincu, M. Laroque ne fut pas étranger à la formation religieuse de sa tendre jeunesse.

S'il arrivait pendant la prière en commun que l'enfant ne prononçât pas bien les paroles, Antonin devait recommencer.

Lors de la consécration des familles au Sacré-Cœur, ses parents l'avaient consacré au Cœur de Jésus en juin 1889, quelques mois avant sa naissance. Et c'est son père qui avait prononcé

---

(1) Réflexion étonnante pour un enfant de cet âge.

l'acte de consécration. Est-il étonnant qu'Antonin eut pour cette dévotion un attrait tout spécial qui fut la force et le bonheur de sa vie.

Monsieur Laroque vit venir la mort sans effroi. Nature droite et bonne, il retourna à Dieu l'âme en paix. Le jour où le ministre de Dieu lui apporta pour la dernière fois les secours de la Sainte Eglise, tandis que le prêtre descendait l'escalier, M. Laroque dit à sa femme : « *Anna, prie monsieur le Curé de remonter, j'ai oublié quelque chose.* »

Une des plus pressantes recommandations qu'il fit à madame Laroque fut celle-ci : « *Il faudra te remarier ;* il vaut mieux que tu ne sois pas seule pour élever Antonin. »

François Laroque s'éteignit dans la force de l'âge, à 34 ans, après avoir employé les quelques années de sa jeunesse à l'instruction de l'enfance. Son culte pour sa mère, dont il était fils unique, lui avait fait embrasser la carrière de l'enseignement, moyen d'éviter ainsi le service militaire que sa mère redoutait.

M. Laroque ne craignait pas de montrer ses convictions religieuses, et, jusqu'à ce qu'il fut défendu aux instituteurs d'accompagner leurs élèves à l'église, il ne manqua jamais à ce devoir.

La femme forte que laissait M. Laroque sut remplir auprès de son fils à la fois le rôle de père et de mère ; et, aujourd'hui, elle est encore redevenue père et mère pour le cher petit Georges, orphelin de quatre ans que le Capitaine Laroque lui a laissé.

Nature délicate et affectueuse, Antonin fut la consolation de sa pauvre mère. Il eut toujours à cœur de lui éviter toute souffrance, ou d'atténuer celles qu'inévitablement toute âme rencontre sur son chemin. Un trait donnera la note de la nature délicate d'Antonin.

Le 14 juillet 1898, à huit ans et demi, l'enfant jouait avec ses camarades ; l'un d'eux, par maladresse, fit éclater un pétard à la figure d'Antonin. Après s'être lavé dans l'eau du ruisseau *il va vers sa mère,* le visage encore ensanglanté, essayant de cacher sa petite tête dans ses mains. La pauvre mère poussa une exclamation de douleur. Et l'enfant aussitôt de lui crier : « *Maman, ne pleure pas. Je vois clair.* » Pour un enfant de cet âge, il y avait certes un grand esprit d'abnégation et d'oubli de lui-même dans une telle parole. C'est toujours ainsi qu'il essayera de diminuer, ou d'atténuer les souffrances des siens.

C'est à Saint-Pierre, où étaient Mme et M. Laroque depuis quelques années que le petit Antonin Laroque fit sa première communion, le 13 mai 1900, dans sa onzième année. Deux lettres à une de ses tantes, religieuse à la Visitation d'Aurillac, le montrent dans toute la simplicité de son âme.

Nous les reproduisons avec son orthographe.

St-Pierre, 12 mai 1900

Chère tante Maria,

Jeudi j'ai reçu ta lettre; elle m'a fait grand plaisir. Hier, le facteur m'a porté le livre de 1re Communion. Je le prendrai toutes les fois que je ferai la sainte communion. Tu remercieras beaucoup Madame la Supérieure pour moi. Je te remercie aussi beaucoup de la belle image que tu m'as envoyé.

Louise du Poitou a écrit hier à Maman. Elle m'a envoyé une croix de Malte, mon nom y est gravé, ainsi que le jour de la 1re Communion.

Depuis jeudi nous sommes en retraite. Il me tarde que demain arrive pour demander beaucoup de grâces à Notre-Seigneur, quand je l'aurai reçu dans mon cœur.

Je ferai mon possible pour être toujours sage et pour plaire à Dieu.

. . . .

Je t'embrasse de tout mon cœur.

Autre lettre de la veille de la Confirmation.

St-Pierre, 17 mai 1900.

Chère tante Maria,

Dimanche j'ai reçu pour la première fois le petit Jésus dans mon cœur. Mon bonheur a été bien grand. J'ai prié pour toutes les personnes que tu m'avais recommandées dans la lettre que je ne devais ouvrir que dimanche matin.

Demain matin, à 5 heures et demie, je ferai de nouveau la sainte communion; puis après la messe nous partirons pour Champagnac, où Monseigneur nous donnera le sacrement de Confirmation. Maman et grand'mère viendront m'accompagner.

. . . .

Je t'embrasse de cœur.

A. L.

Au cours des vacances de la même année, M. l'abbé Boyer [1], vicaire à Marchastel, commença le latin au premier communiant du 13 mai.

Le 18 février 1901, il écrivait de son petit élève : « *Antonin est un charmant enfant, intelligent et bon, qui a tout pour se faire aimer. Il n'y a qu'à désirer que le Lycée ne touche ni à son cœur, ni à sa foi.* »

(1) Aujourd'hui Curé-Doyen de Pierrefort.

La suite a montré que rien n'était capable d'ébranler les sentiments chrétiens de cet enfant dont le nom de Laroque semblait symboliser la fermeté inébranlable ; et, plus tard, dans ses affections comme dans ses convictions n'aura-t-il pas en quelque sorte la fermeté de nos roches d'Auvergne ?

Avant de le suivre au Lycée, donnons le témoignage de M. l'abbé Tissier, missionnaire diocésain, qui a été curé à Marchastel pendant plusieurs années.

« Je ne connais pas de jeune homme ayant « mieux qu'Antonin profité des leçons et des « exemples du foyer familial, et suivi plus scru- « puleusement les traditions ancestrales. On « aurait dit que bien jeune il comprenait que son « devoir était de faire revivre ce patrimoine de « religion, d'honneur, de dévouement. »
« Elève du Lycée d'Aurillac à une époque où « le respect humain fait tant de ravages dans les « jeunes générations, il donnait, pendant les « vacances dans sa chère paroisse de Marchastel, « l'exemple de la pratique de la religion et de la « réception des sacrements. Et il observait ses

« devoirs de chrétien non pas pour faire plaisir à
« ses parents, mais par goût. Il avait déjà le goût
« du devoir qui chez lui se développera plus tard
« si généreusement.

« C'est bien toujours son goût pour le devoir
« qui fit de lui un jeune homme d'une conduite
« irréprochable, et d'une réputation intacte.

« Aussi, malgré sa jeunesse, malgré sa gaieté
« de bon aloi, il était l'objet de la considération
« de tous. En le voyant, on disait : « il fera un
« hommes ».

Oui, *il fera un homme* ; car, ce qui caractérise déjà cet enfant, c'est l'énergie de sa volonté. Cette qualité maîtresse, qui, associée à la droiture de la conscience et au bon jugement, est un infaillible garant de succès, il la possède. Ni l'intelligence, ni le goût artistique et la sensibilité; encore moins la fortune ne peuvent la suppléer. Celui-là seul est maître de l'avenir et fera de grandes choses qui, ne redoutant pas le travail et l'effort, ose entrer en lutte contre sa nature, la discipliner et la vaincre. Celui-là seul est maître de l'avenir qui, élevant sa volonté plus haut que tous les obstacles, est capable, coûte que coûte, de poursuivre son idéal et d'accomplir son devoir.

L'ADOLESCENT

Octobre 1900 amena Antonin Laroque au Lycée d'Aurillac.

Dès les premiers jours, le petit lycéen se fit aimer de ses camarades. Bon pour tous, il va de préférence vers ceux qui comme lui sont orphelins de père. L'un d'eux, M. Pierre Ayral écrit :

« L'annonce de la mort d'Antonin m'a boule-
« versé ; il était mon plus grand ami. C'était un
« si brave garçon. Toujours gai, plein d'entrain.
« Je ne lui connais pas un seul instant de mau-
« vaise humeur durant son existence ; il avait
« un cœur d'or. »

Ce bon camarade, Antonin le retrouvera à la caserne et ailleurs bien des fois. Il sera reçu chez lui, à Aurillac, comme un frère. Il était son confident ; et, plus tard, ils se font mutuellement part de toutes leurs espérances. Ils font des projets d'avenir : aller après leur mariage habiter la même ville, etc...

A l'heure de ses plus dures épreuves, **M.** Ayral sera là providentiellement en permission pour consoler et réconforter son cher Antonin, lui rendre de pénibles services que les véritables amis seuls savent rendre avec un dévouement inlassable.

Mais il est un autre camarade qu'Antonin retrouvera au Lycée. Laissons parler le Docteur Edouard Bénech : « Parmi les camarades « d'Antonin j'ai eu le privilège de l'avoir connu « à toutes les étapes de sa vie. J'ai donc eu « l'occasion de bien le connaître ; et les souve- « nirs affectueux éveillés par son nom sonnent « doucement à mon cœur. Alors que nous étions « enfants [1] les jeux nous réunissaient souvent ; « il savait déjà être si bon camarade que je « recherchais sa compagnie, une de mes plus « douces joies ; et quand le changement de ses « parents nous sépara, j'éprouvai un gros cha- « grin, comme si ce fût un frère qui partît.

« Au Lycée, je le retrouvai tel qu'il était avec

(1) A Rouffiac, canton de Laroquebrou où étaient les parents d'Antonin avant d'aller à Saint-Pierre.

« sa bonté, son égalité d'humeur, sa franchise qui
« l'imposaient à la sympathie de tous. Il était
« loyal naturellement comme il respirait. Il était
« impossible qu'avec un tel caractère il pût s'atti-
« rer une seule inimitié. Le goût qu'il nourrissait
« pour les sports le préparait au rôle qu'il devait
« jouer si brillamment dans les années suivantes
« lors du cataclysme déchaîné si furieusement. »

Ce fut Edouard Bénech qui fut le mentor du
nouveau pensionnaire, ses parents étant des amis
de sa famille.

C'est dans la chapelle du Lycée qu'il renouvela
sa première communion. M. le chanoine Miquel,
aumônier, tenait à ce que les devoirs d'instruction
religieuse fussent rédigés avec soin; et, le petit
lycéen profitait de sa sortie pour prendre conseil
auprès de sa tante, religieuse à la Visitation, a
laquelle il apportait même très souvent son cahier
afin de mieux exécuter son travail.

Vers la fin de l'année scolaire, Antonin eut la
fièvre muqueuse, et dut aller à l'infirmerie pendant
quelques jours. Un des élèves, malade comme lui,
gémissait la nuit et l'empêchait de reposer.
« Quand j'ai vu que je ne pouvais pas dormir,
dit-il, j'ai récité le « Notre Père » pour lui ; et il

n'a plus gémi. » C'est à la prière qu'il recourra toujours pour lui et pour les autres.

Antonin quitta le Lycée un peu avant les vacances. Sa mère le prit avec elle à Vichy; de là, il écrivit à sa tante d'Aurillac.

Vichy, 27 août 1901.

Chère tante Maria,

« Je t'avais promis une longue lettre; mais je ne peux te dire tout ce que j'ai vu dans une seule fois. J'ai visité les églises de Vichy; celle de St-Blaise, de St-Louis, des Lazaristes et la chapelle des Lilas. J'ai vu une Vierge lumineuse à la chapelle des Lazaristes.

J'ai vu aussi à Cusset, en me promenant, une Vierge et un Saint Joseph lumineux dans la chapelle, de chaque côté du Maître-Autel.

Je suis allé me confesser le 15 août à un prêtre missionnaire, le Père Guyot. Ce prêtre avait une grande barbe grise. Il m'a dit de me confesser tous les mois. Après que maman a bu son premier verre à la Grande Grille, nous allons faire notre prière et entendre une messe à la chapelle des Lilas; car, il y en a toute la matinée.

Il y avait un triduum pour se préparer à la fête patronale. Ce triduum était présidé par Mgr Pagis, évêque de Verdun. Chaque soir, avant la bénédiction du Très Saint-Sacrement, on faisait la procession autour de l'église. Me trouvant sur le bord du chemin, Monseigneur Pagis m'a béni d'une manière particulière.

La maman ayant su que l'abbé Falgère, qui était missionnaire, avait été enterré ici, a voulu aller prier sur sa tombe. La concierge nous a dit où reposait notre cousin. Voilà ce qui est inscrit sur sa tombe :

« Ici repose, dans l'attente de la résurrection,
« François Falgère, prêtre de la Mission. Après s'être
« dévoué pendant trente ans au salut des âmes, est
« pieusement décédé le 20 septembre 1895, à l'âge de
« 58 ans.

« Le Seigneur m'a envoyé pour évangéliser les
« pauvres. »

En sortant du cimetière, nous avons acheté un bégonia. J'ai fait un trou dans la terre avec mon couteau et ma main, pour y mettre la fleur, avec son pot, pour la conserver plus fraîche.

Pendant mon séjour à Vichy, j'ai vu beaucoup de choses et beaucoup de monde; mais, je ne peux te raconter tout.

J'ai vu un homme jeter un taureau par terre.

. . . .

Maman et moi t'embrassons bien affectueusement.

Ton neveu.

Après un voyage en Poitou, Antonin put rentrer au Lycée et y poursuivre ses études. Ce qu'il apprit dans cet Etablissement, il le dut à son intelligence et à ses efforts personnels. Au rang des élèves de force moyenne il travailla par devoir ; et, sans être jamais des premiers, n'en subit pas moins avec honneur ses examens de rhétorique et de philosophie.

Le bon Dieu bénit par un plein succès le courage et le travail du jeune étudiant qui se délassait les jours de sortie chez ses correspondants où il lui semblait retrouver un peu de la vie de famille : le capitaine Cordier, M. Apchin et d'autres amis l'accueillirent toujours si affectueusement !

Ce n'est pas sans édification qu'il remarqua dans une de ces familles que le « Benedicite » et les « Grâces » se disaient à haute voix ainsi que le « De profundis » à la fin du repas. Ces exemples l'avaient impressionné, et son cœur resta toujours reconnaissant à cette honorable famille pour la bonté avec laquelle il était reçu dans ce foyer si remarquablement chrétien. Ces sorties lui adoucissaient la peine qu'il éprouvait d'être éloigné de sa mère.

Pendant son séjour au Lycée, Antonin ne manqua pas de communier aux principales fêtes de l'année, bonne habitude dont il ne se départit jamais.

Au cours des vacances, c'est lui qui faisait à

haute voix la prière du soir. Même plus tard, quand il revenait passer un ou deux jours, la bonne Grand'Mère voulait se rendre compte si son cher petit-fils n'oubliait pas sa prière. Antonin s'y prêtait toujours de bonne grâce pour faire plaisir à celle qu'il aimait tant !

Etait-il un cœur de petit-fils plus tendre, plus attentionné que celui d'Antonin pour sa Grand' Mère ? Personne ne faisait les choses aussi bien que lui, disait-elle. « Laissez cela, Antonin le fera quand il viendra. » Il avait le secret de lui plaire en tout, et de la faire sourire plus que personne.

C'était son soutien pour aller à la Messe, pour l'accompagner à la Sainte Table, quand la bonne aïeule ne put se soutenir súr ses jambes. Antonin était tout pour elle.

Mais laissons la parole au Père Tissier, dont nous avons déjà rapporté plus haut le témoignage élogieux à son adresse.

« Si on admirait sa dignité de vie, son énergie
« de caractère, on était réellement attendri en
« le voyant pour sa Mère, sa Tante, surtout sa
« chère Grand'Mère, plein de prévenances dans
« lesquelles on devinait une vive et bien tendre
« affection.

« Oh ! la Tante et la Mère oubliaient leur
« labeur, la bonne vieille Grand'Mère ses infir-
« mités quand le cher Antonin arrivait pour les
« vacances. Pendant deux mois, c'était la joie !
« On aurait dit qu'Antonin épiait toutes les occa-
« sions d'éviter à ces trois êtres si chers la
« moindre peine, le moindre ennui, le plus petit
« travail. Plus d'une fois, j'ai entendu des mères
« dire à leur fils: « Vois Antonin Laroque ! »

C'était surtout à la fête de quelqu'un des siens,
ou aux anniversaires douloureux de sa famille
que son cœur aimait à s'épancher. Et quel débordement de tendresse dans ces lettres à ces occa-
sions ! Jamais il ne manqua d'écrire à sa mère
avec une délicatesse exquise et pleine de reconnaissance à l'époque de l'anniversaire de la mort
de son père. La lettre suivante fut écrite à la
veille de ses examens de philosophie.

Aurillac, 15 juin 1907.

Chère Maman,

« Nous voilà bientôt au bac. Plus que trois semaines. Hier nous avons fait la composition en philosophie. Je l'ai assez mal réussie; et tous sont au même
point que moi. En physique et chimie, j'ai 12 ½.

« Je vais te donner mes notes, qui seront sur mon
livret scolaire.

« *En philosophie:* Les débuts ont été un peu difficiles. Les progrès, depuis quelque temps, sont beaucoup plus accusés.

« *En mathématique:* Esprit vif et primesautier;
travail un peu intermittent.

« *En physique et chimie,* a fait depuis le début de
l'année des progrès très nets. »

Les autres professeurs n'ont pas marqué leurs
notes.

Nous voici à la veille d'une bien triste journée,
n'est-ce pas Maman ? Et oui, voilà dix ans qu'il est
mort ce cher Papa ! Bien que jeune à cette époque,
je me rappelle bien ce pauvre père que j'aimais tant!
Ah! combien mon cœur se gonfle de chagrin à ce souvenir. Je le revois me faisant sauter sur ses genoux
au coin du feu, quelque temps avant que la mort ne
vienne couper court à sa vie. Alors, je ne voyais pas
tout ce que je perdais. Mais, aujourd'hui, je vois
tout; et je regrette cet être que j'aurais aimé de
toute mon âme. Souvent je pense à lui et je me dis :
Avec quel plaisir tu irais en vacances auprès de ton
père, s'il vivait encore... et de ta maman!... Alors, le
bonheur serait complet; mais, ce bonheur n'est pas,
malheureusement. Oh! combien je donnerais pour
qu'il vive encore ! te tienne compagnie, et m'encou-
rage dans mes études! *Enfin, nous ne pouvons rien,
nous n'avons qu'à nous soumettre à la volonté divine.* Je puis encore m'estimer heureux d'avoir en
toi, chère maman, une mère aussi douce, aussi bonne
qui me rappelle la bonté de mon pauvre papa.

Il faut que je termine sur ce sujet. Je souffre trop... et les mots viennent innombrables se masser dans mon esprit sans que je puisse exprimer toute la douleur que j'éprouve à ce souvenir....

. . . .

Je t'embrasse de tout cœur, bien fort, ma chère Maman. »

En quittant le Lycée, Antonin se dirigea vers la Banque de France. Il fit son stage à la Société Générale ; suivit les cours chez lui, par correspondance, et tenta les examens du concours sans succès.

Vint le service militaire qu'il fit au 139° à Aurillac.

Voici l'appréciation donnée par son capitaine, le 5 mars 1911 :

« Laroque est un excellent auxiliaire, zélé,
« consciencieux, énergique et intelligent. Il a
« toujours donné entière satisfaction.
« Possède une instruction secondaire — bache-
« lier ès-lettres — fera un excellent sergent. »

A une fête de Noël, il fut impossible au militaire d'aller chez lui, sa compagnie étant de piquet. Antonin se débrouilla pour obtenir la permission de minuit. Il alla, en quittant la caserne, faire une partie de cartes avec ses amis. Quand dix heures sonnèrent, il les laissa à leur jeu pour se rendre à Notre-Dame aux Neiges. Un prêtre était au confessionnal. Il se prépara et y entra. « Mais, ô malheur ! racontait-il en riant le lendemain, j'ai failli démolir le confessionnal avec mon sabre... Le confesseur a dû se demander ce qui se passait. Il m'a confessé tout de même. »

Sorti du confessionnal, le sergent alla faire sa pénitence près de la crêche de l'Enfant Jésus, dans le haut de l'église. « Ce petit Jésus ! oh ! disait-il à sa tante, il est petit... petit... pas plus grand qu'une assiette ; mais, il est mignon !... Je l'ai bien regardé ! Puis j'ai examiné la crêche, Et quand j'ai eu fini, je suis revenu rejoindre les copains ! — Tu les as retrouvés ? — Oui, jouant encore. J'ai repris la partie avec eux. — Et la messe ? — Attends, ma Tante ; ce n'était pas l'heure encore. Quand la cloche à sonné, je me suis levé. Alors ! ai-je dit, on va à Minuit. — A Minuit ? Mais, que veux-tu que nous allions faire à Minuit ? — Moi, j'y vais. » et les camarades de le suivre. Nous sommes restés au fond de l'église. — Et, pour aller communier ? tu as dû traverser la foule ; tu aurais mieux fait d'aller dans le sanctuaire avec les hommes. — Eh bien ! j'ai suivi les femmes ; et je suis revenu près des copains, En sortant, nous sommes allés réveillonner. — Et tes camarades ne t'ont pas taquiné ? — Il ne manquerait plus que ça, répliqua-t-il en se redressant. »

Le plus souvent, c'est à la chapelle de la Visitation qu'il allait entendre la messe, se confesser et communier.

Un jour, son confesseur, M. l'abbé Marty était absent ; il s'adressa au prêtre qui le remplaçait. Celui-ci ne le reconnaissant pas avec l'uniforme militaire lui demanda, après l'avoir entendu, s'il était séminariste ?

« M. le Curé m'a pris pour un séminariste »... racontait-il après en riant de bon cœur. Séminariste, il ne l'était pas. Mais, il en avait sans doute l'âme.

Songea-t-il quelquefois à être prêtre ? Il n'en a jamais parlé ; et, jamais dans sa famille il n'a été sollicité à se tourner vers le sacerdoce. Sa mère le laissa entièrement libre de choisir sa carrière.

Il opta pour la Banque de France. Mais, après

son échec au concours, il se dirigea vers le Comptoir d'Escompte d'Aurillac.

Au Comptoir d'Escompte, on sut bientôt l'apprécier. Il apportait là ses qualités naturelles de conscience, de droiture, d'amour du travail, de délicatesse, rehaussées de cet abord doux et aimable qui le rendirent sympathique à tous et partout.

Voici le témoignage rendu par M. Pagès, Directeur du Comptoir d'Escompte, sur la conduite d'Antonin :

« M. Laroque entra à l'Agence du Comptoir « National d'Escompte de Paris, à Aurillac, le « 1er octobre 1912.

« Il fut appelé au service des coupons, dont « il ne tarda pas à prendre la direction. Comme « tel, il était en contact permanent avec les nom- « breux clients de cet Etablissement qui n'eu- « rent qu'à se louer de lui.

« Il réunissait, en effet, un ensemble de qua- « lités qu'on trouve rarement groupées chez un « employé : possession complète de son service, « intelligence, correction parfaite à l'égard de la « clientèle, toutes choses qui en faisaient un « auxiliaire précieux pour ses chefs et qui lui

« permettaient d'escompter une carrière brillante
« dans notre Société de Crédit.

« Ses camarades de bureau l'aimaient pour
« son entrain, sa loyauté et son bon caractère ;
« aussi tous étaient-ils ses amis, et furent-ils
« profondément émus en apprenant sa mort
« héroïque.

« Malgré le brillant avenir qu'il était à même
« d'espérer au Comptoir, son ardent patriotisme
« joint à son goût pour la vie active, le décidè-
« rent à opter pour l'armée, lorsqu'en mai 1916
« on lui proposa de le conserver comme lieute-
« nant à titre temporaire et sous-lieutenant à
« titre définitif. »

Jusqu'à la fin, l'ancien employé reste attaché
par les meilleures fibres de son âme à son sympathique Directeur et à ses camarades qu'il ne
manquait pas de visiter à chacune de ses permissions. Des liens d'amitié et de reconnaissance l'avaient rivé pour jamais à cette maison de
Crédit.

A une époque, un employé de l'Agence de Clermont avait voulu l'attirer en lui faisant les plus
flatteuses promesses. Il ne voulut rien conclure
sans en référer à son cher Directeur ; et la conclusion fut qu'il se décida à rester à Aurillac.

C'était une partie de foot-ball qui l'avait mis en relation avec l'Agence de Clermont.

Ce sport était son jeu de prédilection, sa distraction de préférence. S'il refusait à ses amis des invitations à des mariages, — et il refusait toujours, il prétextait des raisons si sages qu'on ne pouvait insister, — il ne refusait jamais une partie de foot-ball. Ardent dans l'équipe du Lycée, il fut un des « as » de l'équipe du régiment ; et toujours prêt à matcher en tous temps et partout. Pour avoir un temps favorable, il mettait les âmes du Purgatoire en jeu, leur disant le « De profundis », fier ensuite d'avoir été exaucé. Peu importait pour lui d'en revenir avec un bras en écharpe, un œil poché, la figure égratignée, les jambes meurtries. Les coups qu'il recevait n'étaient rien. Il disait, lui, n'en avoir jamais donné : car, ce n'était pas le jeu. Nommé arbitre en certaines rencontres, il était la conscience même. Quelques beaux voyages dans certaines villes où l'équipe allait matcher lui étaient une vraie partie de plaisir. De là, il n'oubliait pas sa famille. Une carte représentant une cathédrale, une belle église, allait dire aux siens : « Vainqueurs ! » ou « Battus ». Je vais bien. »

Sa chère équipe d'Aurillac ne fut jamais

oubliée. Quelques jours avant sa mort, le capitaine Laroque envoyait de Syrie son offrande de membre honoraire, 50 francs. Aussi, ses anciens camarades disaient : « En voilà un qui ne nous oublie pas. »

Oublier ! lui, jamais ! ni les siens, ni les pauvres, ni les œuvres. La parole de l'Evangile : « que votre main gauche ignore ce que fait votre main droite », il l'a réalisée. Laroque aimait à faire le bien, mais, si simplement qu'on aurait dit qu'il n'en faisait jamais.

LA GUERRE

Lorsque la classe de Laroque avait quitté le régiment, le colonel Mienville avait dit à ses hommes : « Mes amis, avant quatre ans, vous « serez rappelés, nous aurons la guerre avec l'Alle- « magne.» Laroque ne l'avait pas oublié, et il était prêt à aller défendre son pays quand l'heure tragique entre toutes sonna pour l'Europe.

Toutefois, quand arriva le 2 août 1914, il ne fut pas sans émotion. Pour le plus courageux, l'instant du danger ne sonne pas sans amener quelque trouble. On a beau avoir soif de sacri- fice et de dévouement, il y a toujours au fond de l'âme des fibres qui s'agitent et qui tremblent. Le contraire ne serait pas humain. Il en fut ainsi pour Laroque dont la pâleur trahissait la souffrance intime. *Ce qui l'angoissait surtout c'était de laisser ceux qu'il aimait.*

Il passa la nuit du samedi au dimanche auprès de sa mère pour la réconforter : « Maman, la mobilisation, n'est pas encore la déclaration de guerre. » La mère et le fils furent forts. Pas une larme ne fut versée par eux pendant ces quelques heures, ni même en se séparant. Antonin rentrait à Aurillac le dimanche matin, prêt à tout. Il se confessa et communia le lundi à la chapelle de la Visitation. ·· Le 6, vendredi — 1er vendredi du mois, — il revenait puiser force et courage dans cette chapelle où il ne manqua pas d'aller communier à chacune de ses permissions. Il avait mis dans son portefeuille, et plus encore dans son cœur cette parole du roi David : *« Ceux qui se confient au Seigneur ne seront pas plus ébranlés que la montagne de Sion. Espérant en la bonté de mon Dieu, si une armée était dressée devant moi, mon cœur ne la craindrait point, et, si la bataille m'était livrée, en cela même je m'encouragerais. »*

La bataille allait bientôt être livrée. Le 7 août, les soldats du 139e, pantalons rouges et capotes bleues, défilent, musique en tête dans les rues d'Aurillac, sous les acclamations et les fleurs. Le régiment débarque le 9 près d'Epinal ; et, après trois jours de marches pénibles, se heurte à l'ennemi.

VOSGES-LORRAINE 1914

Le 14 au soir a lieu le premier engagement à l'arme blanche. Le 17, la frontière est franchie ; et, c'est la marche sur Sarrebourg, suivie d'un recul sur Rambervillers que nécessite l'arrivée de renforts ennemis. Du 25 août au 8 septembre, on se bat avec acharnement entre la Meurthe et Rambervillers.

Que fait le sergent Laroque ? Sa correspondance et les notes de ses amis nous permettent de le suivre presque jour par pour.

En partant, il avait dit aux siens : « J'écrirai partout. » Il n'a pas manqué à sa promesse. Tous les deux jours, les plus intimes de sa famille recevaient un mot ; et, quand il était au feu, il écrivait même tous les jours. C'est ce qu'il fera jusqu'à la fin. Il ne perdra pas cette habitude, même en Syrie. Le lieutenant Luscan, revenu du Levant pourra dire à sa mère : « Aucun d'entre nous n'était aussi fidèle que le capitaine Laroque à écrire à sa famille. Souvent, presque tous les jours, nous voyions le capitaine s'isoler. « Le capitaine, disions-nous, écrit à sa famille. »

Fin août, Laroque écrit :

Je suis en excellente santé. Depuis ma lettre du 20, nous sommes allés au feu presque tous les jours ; et, chaque fois, je suis revenu sain et sauf. Que penser de cela ? Il faut le secours de Dieu, et les prières de toute une famille comme la mienne pour que les nombreuses balles que nous entendons siffler à nos oreilles passent sans me toucher. Aussi, je vais au feu avec confiance. Je suis là, en face des balles aussi calme que lorsque je monte la côte du Buis. Continuez à prier comme je le fais moi-même.

A l'heure actuelle, sur 260 soldats à ma compagnie, nous ne sommes plus que 106. Nous n'avons plus d'officier.

Faites-vous passer les lettres ; car, souvent je n'ai pas une minute pour écrire, ni le moyen de les faire partir. J'écris, quand je peux, un jour entre autres partout.

Si le sergent Laroque souffre de quelque chose, c'est surtout de la souffrance des siens. Dans une première longue lettre, il épanche son cœur.

25 septembre 1914.

Je sais, écrit-il, combien maman doit être courageuse et résignée. L'épreuve par laquelle elle passe est bien pénible ; bien plus cruelle pour elle que pour moi.Elle est toujours dans les transes ne sachant jamais où je me trouve et ce que je deviens. Journellement je pense à cette chère mère et ma nouvelle affection [1] ne diminue pas mon amour filial. Je sais combien je dois à une mère qui a tout fait pour son fils, qui s'est si souvent sacrifiée pour lui, qui a travaillé pour lui faire une situation. Je ne puis oublier tout cela ; et la place qu'elle occupe est la plus grande, et ne diminuera jamais. En pensant à elle, je la voyais au désespoir. Le souvenir de mon départ de Saint-Pierre seul me réconfortait. Le courage qu'elle a montré ce jour-là m'a donné une énergie nouvelle. Connaissant le sacrifice qu'elle faisait, mon courage a grandi ; et alors je n'ai plus craint de me sacrifier à mon tour pour la Patrie. Elle m'a donné une nouvelle force ; c'est pourquoi, chère tante, tu dois te le rappeler, je t'ai quittée avec le sourire aux lèvres. Comment voulais-tu que j'hésite à partir, que je craigne la guerre, alors que maman donnait de bon cœur à la France celui qu'elle avait élevé ; qui lui avait causé tant de soucis ; donné tant de mal. Non, je n'oublierai jamais, si Dieu me permet d'en revenir, le sacrifice qu'elle s'est imposé et la confiance que tu as mise en moi. Tu m'as encouragé à ton tour en m'indiquant l'Etre divin qui seul pouvait me sauver et me ramener.

Plus que jamais, je suis le fervent catholique dont

(1) Il avait avant la déclaration de guerre fixé son choix pour la compagne de sa vie.

tu parles ; et suis convaincu que toutes ces prières réunies montant vers les Cieux m'ont protégé jusqu'à ce jour. Je répète sans cesse l'invocation que tu m'as indiquée : « Cœur Sacré de Jésus, j'ai confiance en vous ! » Et, souvent je relis la pensée du Psalmiste que tu m'as écrite sur un carnet de timbres-poste : « Ceux qui se confient au Seigneur, etc. »

Après tout ce que j'ai vu, après tous les dangers que j'ai courus, ma confiance est on ne peut plus grande. Mon espoir de revenir grandit chaque jour ; et, certes, sans arrière-pensée, j'ai la ferme confiance de te voir ainsi que tous nos chers parents.

Quant à la situation dans laquelle je me trouve depuis que j'ai fait la connaissance que tu sais, je vis dans l'espoir que le sort m'aura conduit dans un bon chemin. Je remets le tout entre les mains de Celui qui règle tout.

Aujourd'hui, j'ai passé une excellente journée. J'ai fait un peu de travail de bureau [1] ; car, je me trouvais en retard. J'ai turbiné toute la journée à faire des pièces administratives dans une petite maison où nos cuisiniers préparent la popote de la compagnie. Ce soir, je n'ai pas rejoint ma section qui se trouve dans les bois. Je vais passer la nuit dans quelque grange, et pense pouvoir dormir un peu mieux que sur la dure. Hier au soir nous avons été attaqués ; mais, dans la nuit, le mal produit de chaque côté est plutôt sans gravité. On tire beaucoup trop haut et les balles n'atteignent presque personne. La fusillade n'a pas duré très longtemps ; mais, mal-

(1) Il avait été nommé sergent major le 9 septembre.

gré tout le sommeil n'était pas profond. Il faut toujours se tenir en éveil ; car, en plus de sa peau, on a la responsabilité de la vie de ses hommes. Quand ils se sentent seuls, ils sont tout démoralisés ; et la présence de leur chef produit certes une sérieuse augmentation de leur confiance. Sans me flatter, je l'ai remarqué pour la section que je commande. Je connais mes hommes comme ils me connaissent eux-mêmes. Ma présence leur remet un peu de cœur, et ils sont prêts à me suivre sans hésitation, certains que je les mènerai là où le devoir m'appelle, et là où je crois pouvoir les épargner.

26. — Hier soir, j'ai dû abandonner ma lettre pour les nécessités du service ; ensuite je n'ai pu la reprendre. Je la termine ce matin. J'ai passé une bonne nuit enfoncé dans la paille jusqu'au cou. J'ai dormi comme un loir. Ce matin, après une bonne rincée d'eau je me trouve frais et dispos. J'ai regagné ma section dans le bois ; et, c'est sous une ombre épaisse que je termine ma lettre. J'écris tous les jours régulièrement, tantôt à Maman, ou à Grand'Mère. La journée d'aujourd'hui était pour toi. Ce papier que tu m'as envoyé n'aura pas tardé à te revenir un peu noirci.

SOMME 1914

Le 139ᵐᵉ relevé le 9 septembre s'était dirigé vers la Somme. Le 16, il se battait dans les bois de Thiescourt vers Lassigny. Les Allemands se cramponnent aux hauteurs de la ferme de Saint-Claude. C'est la guerre de mouvements sous bois avec ses surprises, continuellement en alerte.

« Ce jour-là, à Elincourt-Sainte-Marguerite
« (Oise), écrit le lieutenant Verny, il y eut un
« accrochage sérieux. La 7ᵐᵉ compagnie, à
« laquelle appartenait Laroque, était envoyée aux
« avant-postes à Marest-sur-Matz, près Elin-
« court. Quelques isolés de ma compagnie s'y
« étaient repliés afin de rompre le combat. La 7ᵐᵉ
« vint nous y rejoindre. Le sous-lieutenant X...,
« qui la commandait, donna le secteur à la 9ᵐᵉ
« compagnie. Vers le petit jour, retour offensif
« des boches. Nous fûmes presque cernés dans le
« village. Enfin dégagés, nous nous installons

« en tirailleurs à la sortie d'Elincourt. L'ennemi
« avançait malgré notre tir. Le sous-lieutenant
« X... cria alors : « La 9me compagnie va résister
« sur place. Quand vous ne pourrez plus résis-
« ter, vous vous replierez par petits paquets, 7me
« compagnie derrière moi. »

« Et il se replia.

« A ce moment, j'entendis crier : « Feu !
« Feu ! » Je me retournai et vis mon brave .
« Laroque qui commandait les quelques hommes
« de sa section qu'il avait maintenus sur place
« pour nous donner la main, au lieu de se replier
« avec sa compagnie. Mon opinion sur lui était
« faite. »

Laroque, au milieu des périls de la bataille, ne
perd pas sa bonne humeur. Il pense même à faire
sourire sa Grand'Mère ; et, le 28 septembre, lui
envoie les lignes suivantes :

Chère Grand'Mère,

Comment allez-vous ? Vos deux soutiens — deux
bâtons — Joseph et Etienne, se portent-ils toujours
bien ? Et vous aident-ils suffisamment pour faire un
tour au magasin ? Je le souhaite de tout cœur. Mais,

ce n'est qu'une passe ; et, sous peu, grâce à vos prières, un troisième soutien viendra vous aider à descendre les escaliers.

Le sergent-major revient, le 6 octobre, donner de plus longs détails sur les débuts de la campagne.

Revenons un peu en arrière, écrit-il. Je ne vais te parler que de moi ; je suis sûr que tu m'excuseras si je fais ressortir ce que j'ai fait jusqu'à ce jour.

Il semble presque qu'il en coûte au vaillant Laroque, non seulement de faire connaître sa bravoure, ou la protection merveilleuse dont il a été l'objet, mais encore de se rappeler à lui-même l'héroïsme qu'il a déployé au cours des dures journées vécues. S'il le dévoile dans l'intimité, c'est pour qu'on l'aide à remercier Dieu de l'avoir si bien protégé.

Je passe le combat du 14 août qui a eu lieu à la tombée de la nuit. Le 26, nous avons tenu pendant cinq heures sur la crête — côte 312 — en face d'un ennemi placé à la lisière d'un bois. J'ai peut-être brûlé dans les 200 cartouches en tirant à genoux.

Je me trouvais à côté de Moissinac. Nous avions décidé de nous aider si nous étions blessés. A un certain moment, les cartouches nous faisant défaut, je me suis rendu sous la pluie des balles vers le Commandant pour qu'il nous en fasse porter. Près de lui, avec un camarade, nous avons pansé un soldat blessé à une cuisse. Ensuite, je suis remonté sur la ligne de feu dans les mêmes conditions, sans être atteint.

Après ce combat acharné — l'ordre de repli ayant été donné — lorsque je suis arrivé à l'endroit où il n'y avait plus de danger, j'ai perdu de vue Moissinac. Je l'ai appelé à plusieurs reprises. N'ayant pas de réponse, je suis remonté seul sur la crête pour voir s'il n'avait pas été blessé au moment du départ. En remontant la pente, j'ai trouvé un autre soldat blessé à une jambe que j'ai pansé, et à qui j'ai prêté mon fusil pour qu'il lui serve de canne.

De là, j'ai grimpé à quatre pattes jusqu'à la crête, derrière un champ d'avoine. Dès que l'ennemi m'a vu avancer, les feux exécutés par eux étaient sans arrêt. Jamais je n'ai tant entendu de balles siffler à mes oreilles. Sur cette crête, j'étais seul avec les morts qui étaient restés là. Je suis allé jusqu'à l'endroit où nous étions avec Moissinac ; et, là, ne l'apercevant pas, j'ai fait demi-tour, toujours accompagné par le feu d'artifice de ces Messieurs. Je ne sais comment j'en suis sorti sans une égratignure. J'ai rejoint mes camarades. J'étais *ridé* de fatigue

J'ai suivi quand même, et n'ai cessé de remercier Dieu de m'avoir sauvé dans une situation pareille.

La veille du 24, nous avions déjà combattu sous les ordres du lieutenant Thalamy. Arrivés à une crête, nous avons été reçus par une pluie de balles. A côté de moi, un soldat blessé à une jambe, puis un sous-lieutenant de réserve, Brossard. Avec deux de mes hommes, nous l'avons porté pendant 400 mètres. Ce pauvre officier était trop grièvement blessé par une balle au cœur. En le portant, il nous criait : « Au moins, emmenez-moi. » C'est ce que nous avons fait. Il est mort entre nos mains, étouffé par le sang. A notre grand regret, nous avons dû le laisser sur place, étant poursuivis par les « Pruscos ». C'est ce jour-là que j'ai eu une boîte de conserves traversée sur le sac.

Encore un fait. Vers le début du mois de septembre, nous étions installés dans les tranchées, et pendant la nuit, nous avons été attaqués. Je me trouvais non loin de mon lieutenant ; il était dans la tranchée voisine de la mienne. A un moment, je me tourne complètement à gauche pour lui dire : « Au moins, mettons-nous en liaison avec la 8ᵐᵉ. » Au même instant, une balle traversait ma gamelle. Quelle veine ! Si je n'avais pas tourné la tête, celle-ci était traversée complètement.

Enfin, pour terminer mon récit, le 17, une balle traversait mon képi de part en part, sans me toucher la peau. C'est incroyable. Et ce n'est pas la première fois. Quelle chance ! Toutes vos prières me sauvent à chacune de ces batailles.

Etant sur une crête avec ma section déployée, nous l'occupions, et canardions sérieusement les Boches. Ces derniers, étant renforcés, nous ne pouvions tenir ; et je ne pouvais sacrifier la vie de trente hommes pour arrêter de quelques mètres cette horde de sauvages. Après nous être repliés sur une autre crête, nous avons essayé de soutenir le choc ; mais on n'a pu résister ; et il a fallu encore une fois chercher un autre repli. C'est à ce moment-là que j'ai reçu la balle qui m'a traversé le képi.

Après tout cela, comment veux-tu que je n'invoque point ce Christ qui, à chaque minute terrible, a bien voulu arrêter, ou faire dévier toutes les balles ? Oui, j'ai confiance ; et cette confiance... aujourd'hui, me vaut la vie sauve.

Le 28 octobre, le sous-officier raconte un fait qu'il n'a pas signalé :

Un jour, aplatis dans des tranchées à la lisière d'un bois, les obus allemands nous ont fait quelque mal — chose plutôt rare.

Un de gros calibre, éclatant à côté de moi a tué un homme — l'ordonnance de Thalamy — et en a blessé trois autres. L'un d'eux avait été atteint au ventre, et souffrait atrocement. Il voulait se tuer.

J'ai dû sortir de mon trou, au milieu de la pétarade, pour lui enlever son fusil qu'il avait entre les mains. Ce dernier était chargé ; il avait placé le canon à la hauteur de la tempe, et cherchait à faire partir le coup. Je n'ai pu le lui enlever tellement il le serrait. J'ai dû, pour éviter ce malheur, lui ôter la cartouche qui se trouvait dans le canon. Ah ! il m'a brisé le cœur, ce pauvre soldat... Il me criait : « Sergent, tuez-moi ! Sergent, tuez-moi ! » J'en étais malade ; et j'arrivais difficilement à le consoler en lui disant que sa blessure n'était pas mortelle. Ensuite, il m'a demandé à boire. J'ai dû lui refuser ; car il est défendu de donner de l'eau à un blessé au ventre. J'en avais dans mon bidon ; et il m'a fallu lui en refuser. Tu crois que ce n'est pas cruel... Ah! que de choses terribles nous avons vues, et nous sommes appelés à voir encore!...

Dans une lettre du 30 octobre, il raconte avec la même simplicité ce qui lui est arrivé.

Hier nous avons fait une petite attaque et pris une maison. Pour ma part, je devais attaquer la ferme sur un autre côté. Ma position était très dangereuse; je n'ai pas voulu sacrifier ma section. Nous y serions tous restés. L'endroit que nous aurions dû traverser était battu par des boches installés dans une tranchée. Ils nous auraient pris de flanc; et, Dieu sait ce qui serait advenu de nous! Au moment où j'examinais la situation, debout, tranquille comme Baptiste, examinant la position ennemie avec mes jumelles. j'ai été visé à deux reprises. Aucune des deux balles ne m'a touché. Je me suis rendu compte que c'était trop se risquer que d'exécuter l'ordre. J'en ai averti le Commandant qui, après avoir vu mon emplacement, m'a approuvé. J'ai ainsi sauvé la vie à plusieurs hommes ; et ceux-ci m'en ont déjà prouvé leur reconnaissance. Il faut faire son devoir, mais savoir le faire. Si je n'avais pas fait appel au Commandant, la situation était telle qu'il ne serait arrivé personne à la ferme. Toute ma section aurait été détruite.

A la nuit, nous sommes rentrés après avoir démoli une ferme et tué quelques Boches.

Le lendemain, Laroque va épancher son cœur dans celui de sa Mère :

Ma chère Maman,

Voici la veille de la Toussaint. En temps de paix, nous nous trouvions ensemble à Thiézac, près de notre cher défunt que nous regrettons encore [1]. L'éloignement ne nous empêchera pas de réunir nos cœurs, et de prier pour tous ceux qui nous étaient si chers !... Bien que dans un bois, je me transpor-

---

(1) Son père, inhumé à Thiézac.

terai par la pensée auprès de toi pour cette journée si triste, où toute la France en deuil priera pour ceux qui sont à la frontière. Oui, j'unirai mes prières aux tiennes, et de tout cœur.

Le 1ᵉʳ novembre, il reprend la plume :

Voici la Toussaint, par une belle journée toute de soleil. Le matin, je suis allé entendre la messe à quelques kilomètres d'ici, la première fois depuis mon départ. C'était vraiment impressionnant de voir toute cette troupe armée entendant la messe devant un autel dressé en plein air en face des tombes des soldats tués dans les environs. L'autel était éleve au milieu du cimetière ; les hommes placés en arrière. Cette troupe en armes était silencieuse et recueillie alors qu'elle entendait au loin gronder le canon de sa voix sourde. Elle était, malgré tout, pieuse et pensive. Toute sa pensée allait vers ces familles éplorées, en deuil, qui pleurent quelqu'un des leurs ; vers ces camarades tombés sous les balles ennemies. Elle priait pour que cette scène terrible prenne fin, et pour que la France en sorte victorieuse. Longtemps, je me rappellerai de cette cérémonie qui m'a laissé une impression profonde. Je me suis uni à toi dans cette circonstance douloureuse.

Voilà le troisième mois commencé. Il me tarde de

revenir auprès de vous toutes [1]. Une semaine passée près de vous me réconforterait. Je repartirais content d'avoir vécu quelques heures de bonheur. Mais cela n'est pas possible. Il faut savoir servir sa patrie jusqu'à la mort.

Le 3 novembre, le sergent-major parle de ses projets de mariage ; de la première entrevue de sa Mère et de sa chère Mélanie.

Que deviendrons-nous ? Et que nous réserve l'avenir ? Dieu seul le sait. Je lui laisse le secret qu'il ne peut dévoiler. A Lui de décider de notre sort. Pour ma part, il me semble que mon bonheur serait d'être uni à celle qui m'est chère. Je ne peux te cacher mon amour pour elle ; mon cœur est pris, et bien pris. Elle a bon cœur et son caractère est bon aussi. J'ai pu l'apprécier pendant mon séjour à Aurillac avant mon départ : et, je crois ne pas me tromper.

Enfin, advienne que pourra !

Souhaitons seulement que le Sacré-Cœur me ramène vivant auprès de vous toutes ; et ce sera mon plus grand bonheur. Après, nous verrons.

---

(1) Sa mère, ses deux tantes et sa fiancée.

BELGIQUE 1914

Le 139ᵐᵉ s'embarque pour la Belgique, le 12 novembre, et relève, le 15, près de Zoonnebeek, un régiment anglais. Le secteur est agité ; le sol boueux et glissant ; c'est l'hiver dans toute sa laideur.

D'Ypres, Laroque écrit à sa Mère :

Je suis hors de France, mais non point prisonnier. Il faut bien aider les copains. Ne te soucie pas de ton fils. Il est toujours prêt à démolir le plus de Boches possible, pour revenir bientôt auprès de toi.

Bientôt nous enverrons cette horde de sauvages manger des betteraves chez eux.

On les aura. Et, tant que Dieu me le permettra, je ferai tout ce qui dépend de moi pour débarrasser le pays de ces sales boches.

Nous voilà de nouveau aux tranchées. Il est juste que nous relevions ceux qui ont été à la peine pour qu'ils se reposent à leur tour. Les tranchées sont boueuses, et l'on est dans un état déplorable. La

capote est plutôt marron que bleue. Que veux-tu?
On prend tout du bon côté.

« On s'habitue à tout, écrit-il le 22 novembre, et
l'on fait tout ce que l'on vous commande sans récri-
miner. Je le ferai jusqu'à la fin, sûr ainsi d'avoir
fait mon devoir. »

Le 25, il annonce qu'ils sont relevés pour aller
au repos.

On nous annonce que nous rentrerons probablement de nouveau en France. Tu ne saurais croire
combien j'en suis heureux! J'avais le noir dans ce
pays; et, il me tardait d'en partir. Je préfère de
beaucoup tomber sur le sol de la Patrie.

Le 27, par une carte, Laroque apprend à sa
mère sa nomination au grade de sous-lieutenant.
Et lui écrit ensuite:

Ma bien chère Maman,

Ma nomination a dû t'étonner un peu. Tu ne t'attendais pas à ce que je saute ainsi le grade d'adjudant. Nous avons été quatre proposés au bataillon; et j'ai été nommé. Le fâcheux dans l'affaire, c'est
que je change de compagnie. J'aurais été si content
de rester au milieu de tous ces copains. Le capitaine

Duplouy n'a pas voulu ; et je dois aller le rejoindre à la 5e Cie.

Le 30, le jeune officier cherche à rassurer sa mère sur les dangers qu'il court :

Ma chère Maman, je vois que tu te tracasses à mon sujet. Pourquoi te frapper ainsi? Tu as dû t'apercevoir par mes cartes reçues depuis le 20 et le 21, que je ne suis pas plus en danger là qu'ailleurs [1]. Ne te fais pas de soucis. Prie, et Celui qui m'a sauvé si souvent me sauvera encore des dangers à venir. Je me trouve très bien dans ma nouvelle Cie. Le Capitaine est réellement *chic;* et je l'estime beaucoup.

Avant-hier, je t'ai envoyé par la poste mille francs. J'ai gardé sur moi pour me suffire. Tu pourras l'utiliser comme bon te semblera.

Après les dures journées d'Ypres, le 139me est relevé et va au repos.

2 décembre 1914,

Ma chère tante,

Depuis hier matin nous sommes à Poperinghe, à

(1) Il était à Ypres.

20 kilomètres de la frontière française, qu'il me tarde de repasser à nouveau pour rentrer dans cette France si chère et dans laquelle je préfère verser mon sang. Combattre en Belgique ou en France, je sais fort bien que c'est toujours lutter contre notre ennemi héréditaire, le Boche; mais, de beaucoup je préfère revenir sur le sol que j'ai foulé jusqu'ici, et dans lequel vivent tous ceux qui me sont chers! Donc, nous sommes toujours en Belgique. J'ai éprouvé un plaisir sans égal à quitter cette ville de Zoannebeck, que je croyais être mon tombeau. Dès les premiers jours de notre arrivée le noir m'avait pris; et j'attendais patiemment ce que prévoyait, ou plutôt ce qui avait traversé mon esprit...

En effet, notre situation était plus dangereuse qu'ailleurs. Nos tranchées, de même que les leurs, formaient un fer à cheval; et les balles venaient de partout. Je ne craignais qu'une balle perdue qui m'aurait blessé ou tué bêtement.

Quand on va au feu, face à l'ennemi, on sait ce qui vous attend; mais, là dans cette position, celle qui ne vous est pas destinée vous atteint. Enfin, je m'en suis tiré encore une fois.

De l'arrière, le 13 décembre, le sous-lieutenant écrit de nouveau:

Aujourd'hui dimanche, nous avons repos, comme si

nous étions en caserne; l'ennuyeux c'est que nous ne pouvons pas sortir du cantonnement.

Ce matin, je suis allé faire mon petit tour à l'église du village que j'avais visitée à mon arrivée. Mais, par comble de malheur, je n'ai pu y entendre la messe. Dans ce village, l'église est toute petite, sans presque aucun ornement et n'est utilisée que quatre fois par an. Le prêtre du patelin voisin n'y vient qu'à certaines fêtes de l'année. Comme consolation et dédommagement, j'ai fait une plus longue prière et dit un chapelet de plus. J'espère que cela aura suffi pour me remplacer la messe que je n'ai pu entendre à mon grand regret.

Malgré toutes les souffrances endurées, j'ai gardé à peu près toujours la même égalité d'esprit. Combien de fois mes camarades me disaient: « Toi, Laroque, tu *rigoles* toujours. » Et je répondais : « A quoi bon me faire de la bile. Cela ne m'avancerait pas. J'en souffrirais plutôt. » Donc, quoique à certains momennts j'aie éprouvé une certaine appréhension, ces moments ont été de courte durée.

Je ne craignais pas pour moi personnellement. La mort ne m'a jamais fait peur. Mais, ce qui me torturait, c'était de penser à ceux que je laisserais si la faucheuse m'atteignait ; et cette pensée me rendait parfois triste. Je tâchais de me remonter par tous les moyens possibles, et j'y arrivais sans trop de peine.

Tu vois, chère tante, que je n'ai varié en rien. Si,

le jour du départ, je t'ai dit: Au revoir avec un certain flegme, cette disposition d'esprit s'est conservée à peu près continuellement chez moi ; et j'espère bien qu'elle résistera encore à tous les assauts de la tristesse et de la peur.

Fin décembre, le régiment relève, devant Roye, un régiment du 4me corps ; et longtemps participe à de durs travaux, et tient également un secteur vers Lihons et Maucourt, vers Beuvraignes et Canny-sur-Matz.

SOMME 1915

L'année 1915 fut à peu près tranquille dans le secteur Dancourt-Nord, écrit le lieutenant Verny; et, permit au capitaine Duplouy d'apprécier les fortes qualités de Laroque. Brave, courageux, consciencieux, franc, homme de devoir. Les hommes, eux, jugèrent leur chef de section; ils l'aimèrent, et lui les aimait. Un poilu, nommé Davaille, cassé de sergent, nommé caporal, puis cassé à nouveau, me disait de lui : « Laroque visse (punit), mais, il est juste ; il a du cran. »

Le 11 janvier, le sous-lieutenant écrit:

Deux jours de tranchées, deux jours de cave.... La vie est monotone. Ah! certes, je préférerais de beaucoup la guerre en rase campagne plus périlleuse, il est vrai, mais plus variée. A l'heure actuelle on s'abrutit; c'est le mot; et le résultat est maigre. Enfin, puisque Joffre, en qui nous avons une grande confiance, nous fait agir ainsi, c'est qu'il en voit la nécessité. Nous n'avons donc qu'à nous soumettre. Ah! les boches sont solides; mais, nous sommes tenaces. Je ne désespère pas d'aller en Allemagne, sûr que ces boches finiront par lâcher prise.

A sa grand'mère.

Je suis dans une cahute sous terre, avec un bon feu à côté de moi, et un bon lit... de paille... Les Boches vont toujours bien. Ah! les sales bêtes... ils nous en font voir; mais, nous leur aurons la peau. Santé bonne.

Sa mère lui avait proposé de lui procurer une cuirasse. Le soldat montre à sa mère, dans une lettre du 28 janvier, les avantages et les inconvénients de ce bouclier plutôt gênant. Il conclut ainsi :

Finalement cette cuirasse a l'inconvénient que je lisais hier dans l'article de l' « Echo de Paris ». Alors, chère Maman, il est inutile que tu la fasses venir. Le Sacré-Cœur, s'il veut me permettre de revoir mes parents, me protégera mieux que toutes les plaques imaginables.

Le 16 février, il écrit :

Nous ne pouvons avoir la messe ici. Dans les

deux Cies qui habitent le patelin, il n'y a aucun prêtre. Je ne sais quel jour j'aurai le bonheur de m'agenouiller à la Sainte Table pour remercier le bon Dieu de m'avoir protégé, et le prier de continuer.

On le voit, toute sa confiance et toute sa force, Laroque, les puise dans la prière et dans sa foi.

La foi, cette vertu qui fait le chrétien, avait en son âme des racines profondes. Pour lui, reconnaître que le Maître de toutes choses conduit tous les événements de la vie semblait naturel à son âme.

Tous ses jugements lui sont inspirés par la foi. Dans tous les événements, il voit la main divine, la volonté du Sacré-Cœur.

Pour alimenter sa foi et sa vaillance, il a recours à la prière et aux Sacrements. Il prie donc et demande des prières..

Souvent, il parle des messes qu'il entend, des communions qu'il reçoit, et qu'il regrette de ne pouvoir faire dans telle ou telle circonstance. En guerre, il fêtait encore fidèlement l'anniversaire de sa première communion; c'est dire qu'il avait conservé un souvenir très vivant de cet acte de sa vie religieuse.

Sa foi est tellement profonde qu'elle perce et se montre dans ses actes et dans ses lettres sans qu'il s'en aperçoive.

Le Samedi Saint, écrit-il après la fête de Pâques, nous avons eu un prêtre qui nous a confessés. Le lendemain, la moitié à peu près était à la Sainte-Table sans aucune pression de notre part. A six heures et demie, nous avons eu la messe.

Avec le capitaine Duplouy, nous avons installé l'autel dans une grange. C'était une table sur laquelle était posée une toile de tente. Nous avions fait des bouquets dans des douilles d'obus de 75. Au centre de l'autel, une statue de la Vierge, provenant de l'église, y était placée. Cette statue dont la tête avait été arrachée par un obus boche, avait été rafistolée par nous. Deux grands candélabres à cinq bougies chacun illuminaient le chœur. L'installation était modeste, mais pittoresque.

Pour faire agenouiller les communiants, nous avions mis sur la terre de nombreuses bottes de paille.

La messe a été dite assez rapidement ; car le prêtre avait une autre messe à dire à deux heures d'ici.

A dîner, nous avons fêté Pâques, et avons eu quelques plats recherchés : soupe aux légumes, thon aux œufs, bœuf sauce Madère, patates, fromage, oranges, gâteaux, biscuits, vins fins, café et cigares. Le malheur, c'est que nous n'avons pu nous retrouver ensuite auprès de ceux qui nous sont chers...

Le 13 avril, par un beau soleil, le jeune officier cherche la solitude; il va se retirer dans une petite prairie en dehors du village; là, sous un arbre, vraiment seul, sa pensée se porte vers toutes celles qu'il aime en Auvergne; et de beaux rêves lui font entrevoir un avenir bien doux, si le bon Dieu lui permet d'y revenir.

Le 17, il écrit à sa mère:

Tu ne saurais croire combien il est monotone de faire toujours la navette entre le village et la tranchée, pour chaque fois avoir le même service, le même travail à faire. Je sais qu'on ne peut attaquer encore, et que plus nous attendrons, plus nous serons sûrs du succès. Mais, ce qui est triste, c'est de rester si longtemps sans revoir ceux avec qui l'on a constamment vécu et se dire que, peut-être, on ne les reverra plus jamais... Je donnerais je ne sais quoi pour venir vous pousser une simple visite de quelques heures.

Allons ! Patience ! Et le Sacré-Cœur saura nous accorder cette faveur un peu plus tard.

Ma chère Maman, je suis en train de travailler pour Grand'Mère. Au lieu de lui envoyer une bague, j'ai préféré lui faire une croix en aluminium qu'elle attachera à son chapelet. Elle me vaudra une prière de plus. Ne lui en parle pas, je veux lui faire cette surprise.

Tout à l'heure, on barde sur notre front. C'est le dernier râle du Boche !...

Le 3 juin, ce fils au cœur si tendre revit avec sa chère maman la mort de son père.

Le souvenir reste toujours à ma mémoire de ce père si bon ! Et je ne puis voir approcher cette date sans un serrement de cœur. Nos prières se réuniront pour le repos de son âme. Si j'étais auprès de toi, chère Maman, ensemble nous serions allés à la Sainte-Table. Tu le feras pour nous deux, puisque je ne puis réaliser ce désir. Nos cœurs seront unis dans une même prière pour celui que nous pleurons. Mes prières demandent que l'âme de mon pauvre père repose en paix, et qu'il me protège pendant cette période terrible.

Le 21 juillet, ce sont des vœux de fête à sa mère :

Ma chère Maman, je t'adresse mes vœux les meilleurs. Ils partent d'un cœur reconnaissant à une mère aussi bonne pour moi. Jamais, je ne pourrai faire

suffisamment pour te montrer toute ma reconnaissance. Sois sûre que je me montrerai digne de toi.
Que le bon Dieu m'accorde de revenir sain et sauf
de cette guerre et je ferai l'impossible pour te rendre
heureuse. J'attends le jour qui doit m'amener vers
toi et me donner quelques heures de bonheur.

Bons baisers de ton fils qui t'aime.

Le cœur de ce fils chéri est toujours en éveil
pour témoigner à sa mère son affection, pour la
tranquilliser, ou pour lui faire des recommandations au sujet de sa santé.

Ma chère Maman,

Grâce à vos prières et à la protection du Sacré-
Cœur de Jésus, je suis encore sain et sauf. Bientôt
le jour où nous nous retrouverons viendra, et notre
joie ne pourra se mesurer. Combien il me tarde de
vous voir toutes ; et en particulier toi, chère Maman,
qui as tant peiné pour moi, qui as eu tant de soucis
pour m'élever.

Dieu me sauvera pour ne pas t'accabler, et pour
te donner un peu de bonheur.

Profite de ta saison à Vichy. Si tu as besoin d'ar-
gent, sache me le dire, et je t'en enverrai. Sinon,
j'attendrai d'être auprès de toi pour te donner ce
que j'ai en trop.

Je continue à vivre comme par le passé, même avec

le sourire, prenant les choses du meilleur côté. Cette nuit, nous avons travaillé devant le nez des Boches, à cent mètres environ de leurs tranchées.

Patience, ma chère Maman, je sais combien il est dur pour une mère de vivre toujours dans l'attente du lendemain, attente souvent cruelle qui se prolonge pour faire prévoir un terrible malheur.

Je sais combien tu supportes avec courage une pareille souffrance ; et c'est bien inutile que je vienne encore te la rendre plus cruelle en y faisant allusion. Pardonne-moi ce verbiage. Sois sûre que ton fils fera toujours son devoir quoi qu'il arrive. Si quelque mauvaise nouvelle venait troubler l'espoir dans lequel tu vis, eh bien ! dis-toi que ton fils est parti en gardant toujours présent à ses yeux le portrait de sa chère maman qu'il porte toujours sur son cœur.

Ne t'effarouche pas à la lecture de cette lettre. Ne crois pas que je suis désespéré. Loin de là. J'ai pu me sauver bien des fois depuis le début de la campagne des balles et des obus boches. Plus que jamais, j'ai la conviction que le Sacré-Cœur imploré par toutes vos lèvres ne me refusera pas ce que vous lui demandez du plus profond de votre cœur ; et je reviendrai au milieu de vous toutes semer la joie après bien des mois d'inquiétude.

Dans la seconde quinzaine d'août, une bonne permission de détente ramène le sous-lieutenant

Laroque dans sa famille. Quelle douce joie pour la bonne Grand'Mère ! Et, avec quelle fierté regardait-elle son cher Antonin ! Quel bonheur pour tous !

En regagnant le front, le cher officier fit sa visite à Notre-Dame de Paris pour lui recommander encore et sa famille et son avenir.

Peu après, il écrivait:

Nous serons bientôt des terrassiers épatants. Au retour, je me lancerai dans cette nouvelle voie. Je t'envoie la photo de l'îlot de défense que j'ai préparé pour mon secteur — îlot Laroque — et pour le travail duquel nous avons reçu des félicitations du chef de bataillon. Je t'en envoie une copie.

Le 26 septembre, il demande des prières:

Le moment va venir de prier sérieusement, plus que jamais pour que le Sacré-Cœur de Jésus me conserve encore à vous toutes. Je n'en dis pas plus long ; tu comprendras. Que Maman prenne son courage à deux mains, et qu'elle attende patiemment les événements. La censure est là... Je m'arrête. Désormais, je ne t'écrirai que sur carte ouverte pour que vous ayez plus tôt de mes nouvelles. A la grâce de Dieu !

J'oubliais de te dire que les sous-officiers de la cinquième m'ont offert un superbe bouquet pour ma fête. C'est *très chic* de leur part, et j'en ai été touché.

Vers cette époque, après sa titularisation dans la réserve, le sous-lieutenant Laroque fit une demande pour entrer dans l'armée. Voici les notes que son commandant de compagnie, le capitaine Duplouy y joignit :

« Le sous-lieutenant de réserve Laroque est
« courageux, intelligent, calme, a de l'esprit de
« décision, et sait donner clairement ses ordres.
« Il possède une bonne instruction générale (ba-
« chelier-ès-lettres classique). Il s'applique à
« perfectionner son instruction militaire pratique
« qui est bonne, et théorique qui est suffi-
« sante. Il est robuste et actif (s'intéresse au
« sport du foot-ball dans lequel il a acquis une
« certaine virtuosité). Bonne éducation et beau-
« coup de tact. Exerce dans le civil la profession
« d'employé de Banque au Comptoir National
« d'Escompte. Sa mère, veuve, est institutrice
« publique. Sa titularisation comme lieutenant de

« l'active constituerait une excellente acquisition
« pour le corps d'officiers. Avis très favorable. »

Voilà l'appréciation que son capitaine fit sur
lui. Mais, l'ennuyeux pour le sous-lieutenant
Laroque, c'était que ce cher commandant de compagnie allait le quitter.

Le capitaine Duplouy nous quitte. J'en suis tout
bouleversé. Il va comme adjoint au Colonel... J'aurais
bien voulu qu'il reste à la compagnie. Nous nous
entendions si bien ! Enfin, j'espère qu'il en sera de
même avec son successeur.

Fin décembre, après quelques jours passés
auprès des siens, le cher officier envoie les lignes
suivantes :

J'ai repris ma vie ici sans trop souffrir du changement. Certes, j'aurais préféré rester près de vous ;
mais je suis courageux, et prends le temps comme
il se présente. Avec moi, c'est toujours : A la grâce
de Dieu ! et je m'en trouve très bien. Que faire
autrement ? Il n'y a qu'à s'incliner devant le sort.

Le 25 décembre, le sous-lieutenant revient par
deux mots auprès de sa famille.

Après une étape de 30 kilomètres, je n'ai pu aller à la messe de minuit, car j'étais trop fatigué; mais j'ai assisté à une grand'messe ce matin à 10 h. 30. Que ne suis-je là-bas pour passer cette journée près de vous?

On le voit, pour Laroque, après Dieu, la famille c'était tout. Ne pouvant y vivre en réalité, il y vivait par le cœur et par la pensée, et ses lettres, comme on le devine, y semaient toujours le bonheur.

VERDUN 1916

C'est la première grande ruée des Allemands sur Verdun : pour s'emparer de la glorieuse citadelle, l'ennemi ne ménage pas ses obus, et envoie des régiments entiers à la mort ; mais cette poussée furieuse, que l'insuccès exaspère et qui se croyait irrésistible, se butte à l'ardente ténacité des troupes françaises.

Le 139me d'infanterie débarque le **26 février**, vers Sainte-Menehould, gagne par étapes la région de Recicourt, où il stationne pendant quelques jours ; puis les lignes, Recicourt à nouveau, l'alerte du 6 mars, Dombasles, le bois de Béthelainville, au bivouac devant le paysage lugubre : neige, chemins boueux, trous d'obus, arbres abattus, cadavres de chevaux, pas d'abris, pas de feu.

Le 2me bataillon se porte en renfort sous le feu violent des canons au bois des Corbeaux. Le chef de bataillon, plusieurs commandants de compagnie, et de nombreux chefs de sections tombent blessés ; pas de défaillance pourtant malgré la tourmente d'artillerie jusqu'à la relève de la nuit du 13 au 14. Le 139me a joué un rôle remarquable. Le deuxième bataillon par un hardi mouvement de soutien et de résistance sous un tir écrasant.

Le sous-lieutenant Laroque s'est maintenu, comme par le passé à la hauteur de la tâche, et y a maintenu vaillamment ses hommes.

Suivons-le par sa correspondance. Voyons où il puise ce courage et cette force morale qui le caractérisent :

Chaque fois que je me suis trouvé dans une situation pénible, j'ai fait appel à Dieu par la prière, et j'ai obtenu souvent ce que je demandais. Je continuerai comme par le passé, et avec plus d'ardeur ; car, plus je vais, plus j'ai besoin du secours du bon Dieu.

15 mars.

Chère Maman,

Ma confiance n'a pas été déçue ; me voilà encore sorti d'un ouragan de fer et de feu après six jours comme jamais je n'en ai passés. Oh ! oui, nous pouvons remercier le bon Dieu de me conserver ainsi la vie. Qu'il est bon ! O mon Dieu, merci ! Mille fois merci !

Puis, il raconte ce qui s'est passé. Cinq poilus de sa compagnie ensevelis par un obus, et retirés indemnes. Le capitaine et le lieutenant aussi, et sans aucun mal. Le bombardement incessant. Lui-même atteint par deux éclats d'obus; un sur la jambière, l'autre dans le dos sans le blesser. Pour se porter en première ligne, il faut traverser une zone de 400 mètres où tous les trous se touchent presque. A sa section, aucune perte.

Le capitaine blessé, c'est le sous-lieutenant Laroque qui prend le commandement de la compagnie. Sa section le regrette vivement; il lui semblait qu'être plus près de son chef les sauvegardait. Le 11 mars, les boches envoyèrent dans les cinq ou six mille obus sans avancer. La compagnie tint bon. Le 12, le bombardement s'était un peu ralenti ; et le 13 ils furent relevés.

Tous les hommes étaient vannés, dit-il, mais quand même leur moral était bon. Ils ont été merveilleux ;

car tenir de la sorte était une preuve de leur bravoure et de la conscience de leur devoir.

Je n'ai pas perdu mon sang-froid au milieu de la
mitraille, ayant la certitude d'être sauvé par Celui
qui m'avait accordé sa protection bien d'autres fois.
Je passais au milieu des obus sans les saluer.
Mes hommes étaient contents de m'avoir à côté
d'eux ; je les encourageais de mon mieux. C'était une
jolie fournaise... où nous recevions (je me suis amusé
à compter) environ 20 obus — de 150 à 210 — par
minute. Maintenant, je suis le seul officier du bataillon qui ai fait la campagne sans être blessé.

Le 18, le jeune officier écrivait encore :

Je remercie Dieu de sa protection, et voudrais
bien le faire d'une façon plus éclatante que par des
prières ; mais ce n'est guère facile. Je ne raterai
pas la première occasion qui se présentera pour le
faire.

Le 27.

Le temps est mauvais, tant pis. Nous supportons
tout avec courage puisqu'il faut en finir avec les
Boches le plus tôt possible Alors que nous étions
sous les obus, sous des raffales terribles, nos poilus
n'ont pas bougé d'un cran.

Malgré cette décoction d'obus, nous restions où

nos chefs nous disaient de rester. Nous n'avons pas perdu un pouce de terrain. Ah ! ce n'est pas toujours gai ; mais nous avions la force de caractère de rester pour que notre ennemi succombe. Maintenant, nous respirons l'air pur, alors qu'il y a deux jours, ils nous envoyaient des gaz lacrymogènes.

Le 3 avril, il annonce ainsi sa nomination au grade de lieutenant :

Ma chère Maman,

Je suis tout heureux de t'apprendre la bonne nouvelle que je viens d'être nommé lieutenant.

Nous sommes huit nommés. Je le suis à titre réserve. Il n'est encore rien arrivé pour ma demande. (de passer dans l'active). Je ne perds pas patience. Avec l'aide de la Providence, tout viendra. Je suis commandant de la cinquième compagnie jusqu'à nouvel ordre. Cette fois-ci, je ne t'envoie pas de mandat, chère Maman ; je l'ai utilisé en grande partie pour arroser les galons auprès des collègues et j'en ai fait profiter les poilus, en leur payant un supplément de vin, ce dont ils ont été enchantés.

Bientôt un deuil douloureux allait faire saigner le cœur du lieutenant Laroque en la personne de sa chère Grand'Mère.

13 mars.

Malgré la dépêche alarmante que j'ai reçue hier, écrit-il, le Colonel n'a pas pu me donner de permission... Je suis donc obligé d'attendre que les officiers qui sont dehors soient rentrés, et cela m'amène à cinq ou six jours. J'espère que la santé de Grand'Mère se sera un peu améliorée, et que j'aurai le bonheur de la revoir. Oh ! c'est là tout mon désir: revoir cette chère Grand'Mère qui a été toujours si bonne pour moi, et qui m'aimait tant ! La pensée que son état avait pu empirer m'a torturé toute la nuit ; et je n'ai pas pu fermer l'œil. Mon Dieu ! faites que j'aie le bonheur de la voir le plus tôt possible. Je sais qu'à cet âge, il faut s'attendre à tout. Qu'importe ! j'ai bon espoir.

Le lieutenant Laroque arrivait en permission à Marchastel le dimanche des Rameaux, 16 avril, à 8 heures du matin; et, c'était la veille, à dix heures du soir que la chère Grand'Mère avait rendu le dernier soupir.

Comme elle va me manquer, cette chère grand-mère, écrivait le lieutenant. Elle qui ne voyait que son petit-fils... Lorsque je reviendrai, je n'aurai plus la joie de la revoir, de causer avec elle dans de délicieux tête-à-tête. Je ne pourrai plus lui aider à descendre les escaliers et faire pour elle tout ce qu'elle aimait voir faire par son petit-fils. Une semblable pensée me fend le cœur et de grosses larmes inondent mes yeux. Par là, je vois ce que c'est que perdre un être aimé. Je suis près d'elle, et ne puis diriger mon regard vers le lit où elle est étendue sans que mes paupières se remplissent de pleurs.

Au revoir, ma chère Tante, unissons nos prières pendant tous les jours qui vont suivre, et demandons à cette chère Grand'Mère qu'elle nous vienne en aide du haut du Ciel.

Demain aura lieu l'enterrement, vers neuf heures et demie. Après-demain (jeudi saint), nous irons tous communier à son intention et, tous les quatre, nous prierons pour le repos de son âme.

Le lieutenant Laroque repart rejoindre son régiment. Le 25, il écrit :

A Paris, j'ai fait ma visite à Montmartre ; je vous envoie à chacune un petit souvenir.

Cette nuit, j'ai pensé à la nuit que vous passiez, il y a huit jours... et j'ai longuement prié pour notre chère défunte. Je vous embrasse toutes deux, chère Maman et chère Tante Marie, en vous disant de tout cœur : Bon courage et confiance !

Ma chère Tante Marie,

Combien je pense à la solitude dans laquelle tu te trouves, écrivait le cher neveu, après les vacances de Pâques. Je te plains sincèrement. Je devine combien il doit être pénible de vivre dans un milieu où tout vous rappelle l'être que l'on a aimé... Courage donc, ma Tante ; et nos prières donneront à notre chère Grand'Mère le suprême bonheur qu'elle a bien mérité. Prions pour qu'elle nous protège.

Le 13 mai ramène l'anniversaire de sa première communion. Il écrit le lendemain :

Hier, j'ai longuement pensé à la date du 13 mai 1900. Voilà seize ans déjà que j'avais l'immense bonheur de recevoir Notre Seigneur Jésus-Christ pour la première fois !...

Le 22 mai, le lieutenant Laroque écrivait à sa mère :

Chère Maman,

Deux mots pour t'annoncer la nouvelle suivante : A la date du 15 mai, je suis nommé sous-lieutenant d'active à titre définitif et lieutenant à titre temporaire. C'est le capitaine Duplouy qui me l'a appris hier soir par téléphone. Je suis parti aussitôt remercier le Colonel et le Capitaine Duplouy à qui je dois une bonne chandelle.

Huit jours après, l'heureux officier revenait vers sa mère :

Je suis heureux de savoir, chère Maman, que ma nomination t'a fait plaisir. C'est à vous toutes que reviennent les félicitations puisque vous m'avez jeté dans la bonne voie, et m'avez appris à faire toujours mon devoir. Je suis heureux, oui, pour moi et pour vous toutes.

Cette date du 15 m'a rappelé cette chère Grand'-Mère qui a tant prié pour son petit-fils ; tout ce qu'il demande est agréé. Elle appuiera d'autres demandes qui se réaliseront selon nos désirs. Mes prières s'uniront aux vôtres pour les offices de quarantaine.

Merci de la petite feuille pour la fête du Sacré-Cœur. Je l'ai lue; je veux la relire pour mieux la comprendre et faire tout ce que je pourrai. (Feuille de l'Association de l'Œuvre réparatrice de Montmartre).

Le 11 juin, fête de la Pentecôte, le lieutenant regrette de ne pouvoir mieux célébrer cette grande fête :

Aujourd'hui Pentecôte; nous ne nous en douterions pas. J'ai prié longuement puisque je n'ai pu assister à une messe.

Quand reviennent certaines dates, il ne les laisse pas passer inaperçues, c'est ainsi que le 8 juillet il écrit à sa mère:

Chère Maman,

Il y a vingt-trois mois aujourd'hui, nous étions dans le train et nous nous dirigions vers l'Est. Nous étions fous de joie. Dans les gares, on entendait des cris de : « A Berlin ! » poussés par les soldats heureux de faire leur devoir. Cette vision de la victoire si prompte a été déçue. Il a fallu lutter pour démolir un peuple si bien organisé et qui avait préparé cette guerre depuis de si longues années... Nous, les Alliés, nous sommes en forme pour le traquer et lui faire rendre ce qu'il nous a pris.

Si le sort nous est favorable, si Dieu nous seconde dans cette action, nous les ramènerons vers leurs frontières, et peut-être au-delà.

Ce patriotisme, qui ne se démentit jamais, le lieutenant Laroque l'alimentait là où se puise la force indomptable: l'Eucharistie.

17 juillet.

Ce matin, avant d'aller à l'exercice, il y avait une messe à six heures et demie, je suis allé communier ; car il y avait bien longtemps que je n'en avais pas eu l'occasion.

Oui, je me suis empressé de faire ce que tout bon chrétien fait avant de se lancer dans une fournaise.

Le 9 septembre.

Je rentre de permission au bon moment pour aller voir comment sont faites les tranchées boches. Ma confiance est grande, tu le sais. Je suis heureux d'avoir, avant mon départ d'Aurillac, mis mon âme dans les meilleures conditions pour passer au milieu des balles qui frappent et vous tuent. J'ai confiance en Dieu et irai de l'avant sans hésitation.

Le lieutenant Laroque est appelé à participer à la grande offensive franco-britannique sur la Somme, de juillet à novembre 1916.

L'attaque doit avoir lieu le 4 septembre ; dans les tranchées, dans les boyaux, c'est un amas de débris et de matériel, des abris défoncés, des places d'armes éboulées ; c'est surtout la boue inoubliable de la Somme où s'enlisent les hommes et contre laquelle il faut déjà lutter.

Pendant les préparatifs de l'attaque, le commandant Maillefer, s'avançant vers le lieutenant Laroque, lui avait dit : « Eh bien ! on y va ? — Mais oui, mon Commandant, avait répondu le lieutenant, avec son sourire habituel.

Suivons la correspondance du vaillant officier.

4 septembre.

Ce que je t'annonçais hier prend tournure. Ce soir, nous aurons franchi l'espace qui nous sépare des Boches, et leur aurons pris une parcelle de cette terre française. J'ai bon moral, grâce à tes conseils et à la bonne voie que vous toutes m'avez fait suivre.

Si je tombe, je mourrai en faisant mon devoir et en pensant à vous toutes.

Le 6, il revient vers sa mère :

Chère Maman, chère Tante Marie,

Encore debout après avoir gagné un kilomètre à la France. Quelle protection divine ! Remerciements au Sacré-Cœur. Ai quitté première ligne ce matin.

Le 9, le Lieutenant donne quelques détails sur le combat :

A l'heure exacte, je suis monté le premier sur le parapet — il faut toujours donner l'exemple — et j'ai fait signe à mes poilus de partir avec moi. D'un seul élan, tous ces braves troupiers ont surgi sur la tranchée et ont marché de l'avant, baïonnette au canon. Ils étaient superbes ; et marchaient même trop vite. J'étais obligé d'arrêter leur élan...

Tu ne saurais croire avec quel cœur je remercie le bon Dieu de m'avoir protégé, moi et les miens. En officiers, nous avons eu de grosses pertes.

Oui, le Sacré-Cœur a été mon bouclier et ma force. Lorsque je pense à tous les dangers que j'ai courus, je ne puis me faire à l'idée que je suis encore là sans la moindre égratignure. Mon Dieu, merci ! Cœur Sacré de Jésus, j'ai confiance en Vous ! Merci de votre bonté à mon égard... Mais, c'est bien triste de voir tomber ses chefs... Et lorsqu'on apprend ces nouvelles, le cœur est brisé. Il ne se brise pas comme au début de la campagne. Il s'est durci au milieu de toutes ces visions ; et l'égoïsme règne encore en maître. Cela n'empêche pas de faire son devoir, mais c'est ce qui se produit.

Un peu plus tard, ce fils très aimant vient donner à sa mère une joie nouvelle.

Chère Maman,

Laisse-moi t'annoncer que, depuis hier soir, j'ai

droit à la fameuse « Croix russe ». Le Commandant Duplouy m'a fait appeler pour me la montrer. Elle est très jolie : or massif, genre de notre Légion avec un ruban blanc, rouge et blanc. Sera-t-il fier ton fils avec une telle décoration ?

Ce fut le 2 octobre, à 9 heures, au jour anniversaire, et à l'heure même de sa naissance que le lieutenant Laroque reçut cette marque de distinction :

« Mon cher Laroque, lui écrivait à ce sujet le colonel Mienville qui, blessé à l'attaque de Chaulnes était alors dans un hôpital, j'ai été bien heureux d'apprendre que votre proposition pour la Croix de Saint-Stanislas avait été suivie d'effet, et que vous aviez cette Croix. Je vous en félicite vivement. C'est la récompense de votre dévouement et de votre courage. Je suis bien convaincu que vous ne cesserez de mériter la confiance de vos chefs. »

Mais voilà la saison d'hiver. Ce fils si affectueux pour sa mère se préoccupe de sa santé.

Chère Maman,

Il fait froid. Quand tu sors, couvre-toi bien pour

ne pas t'enrhumer. Là-bas, il doit faire encore plus froid qu'ici. Ne te soucie pas à mon sujet. Je me tiens à carreau. Secteur calme. Quelques obus de temps en temps, mais ils ne font aucun mal.

Le jour de Noël, il lui offre ses vœux :

Ma chère Maman,

Je ne peux pas tarder plus longtemps pour t'adresser mes vœux les meilleurs de Nouvel An. Que tout ce que tu désires se réalise ! Que ta santé soit toujours bonne ! Voilà les souhaits que je forme à ton égard. Je compte que Celui qui nous a si souvent aidés, nous aidera encore poussé par les prières de nous tous, et par cette bonne grand-mère qui est Là-Haut près de Lui et intercédera pour nous.

A la messe de minuit, il y avait quelques chanteurs qui avaient été réunis par le prêtre du bataillon. Un de mes sergents, qui a une voix superbe, a chanté « Minuit, chrétiens... » Le curé du village disait la messe ; et, habitude bizarre du patelin, on ne dit qu'une messe chantée. Il y avait foule. Jamais le 139me n'avait eu la veine de rester dans un patelin pour cette fête. Aussi l'église était archibondée, et la gent civile ne trouvait pas de place. Les communions n'ont pas été nombreuses. Comme officiers, nous étions trois : le commandant Duplouy, M. Lefebvre et moi. Comme hommes ou gradés, une trentaine ; et, pour un bataillon, ce n'est pas beaucoup. Après la messe, tout le monde est rentré chez soi. Pour nous, le réveillon était prêt : une bonne soupe au fromage, quelques huîtres et quelques bons gâteaux. A midi, nous avons eu un canard. Voilà notre fête de Noël.

5 janvier 1917.

Chère Maman,

Hier, j'ai reçu ta carte du 1er janvier. Oui, comme tu dis, cette date nous fait penser à l'année écoulée qui nous a enlevé un être cher. Que nous réserve celle-ci ? Hélas ! nous ne pouvons le savoir. Nous n'avons qu'à confier notre sort à Celui qui dirige tout ; et, comme par le passé, il saura nous donner les joies que nous attendons.

LE MARIAGE

La Providence qui conduit merveilleusement
toutes choses et atteint merveilleusement à ses
fins allait, au cour de 1917, donner au lieutenant
Laroque la joie de contracter l'union rêvée avec
Mlle Mélanie Champeix. Mais, hélas ! cette union
ne devait lui procurer qu'un bonheur de bien
courte durée.

Depuis longtemps, il pensait à son mariage et
en avait parlé à sa mère. Plusieurs fois, au cours
de la campagne, il lui avait exprimé le désir de
ne pas attendre la fin de la guerre.

29 octobre 1916.

Je te remercie beaucoup, ma chère Maman, d'avoir
longuement prié pour moi, et d'avoir invoqué Notre-
Seigneur pour qu'Il t'inspire. De mon côté, j'en fais
autant, et demande que les idées les meilleures soient
mises à exécution. Ma chère Maman, tu me dis de

faire comme je voudrai. Très bien. Mais, je ne veux pas agir sans ton consentement. La guerre peut durer encore longtemps; elle n'a pas l'air de vouloir se finir de sitôt.

Je trouve en Mlle Champeix bien des qualités. Je veux épouser quelqu'un qui m'aime et que j'aime. Je ne veux pas faire un mariage d'intérêt. Je veux le bonheur auprès d'une compagne aimée. Et, c'est le cas. Je consens à attendre; mais je veux qu'après les hostilités, notre union soit bénie. Dieu me donnera tous les conseils et me guidera. Je le prierai ardemment pour qu'il me mène dans une bonne voie. Crois-tu qu'après la guerre je veuille mener cette vie de garçon si triste?...

Ah! non... Je laisse ma vie entre les mains du Cœur de Jésus.

Plus tard, le Lieutenant revient sur le même sujet.

Chère Maman. Dans ton voyage à Aurillac, tu as vu Mlle X... Parle-moi sincèrement. Dis-moi le fond de ta pensée. L'effet produit sur toi par cette rencontre doit me guider. Ne me cache rien, tu me feras plaisir. Je sais tout ce que tu es pour moi, et ce que je suis pour toi. Je ne voudrais pas agir contre ton idée. A toi de juger.

Sa mère lui répond :

Mon cher Antonin, le temps pendant lequel j'ai vu Mlle Champeix a été si court qu'il m'est impossible de porter un jugement sur elle ; mais, je puis t'assurer que l'impression a été bonne en général ; mais, on ne peut juger si vite pour une chose aussi sérieuse.

Oh! combien je voudrais, écrivait le jeune officier, par le choix que j'ai fait, donner du bonheur aux miens et à moi-même, n'est-ce pas ? Je fais des vœux pour que celle qui a si bien su me prendre, devienne l'élue de toute ma famille, que j'aime tant! et que je ne voudrais pour rien au monde peiner par un de mes actes. Que deviendrons-nous? et que nous réserve l'avenir?... Dieu seul le sait... Enfin, advienne que pourra! Je laisse à Dieu seul le soin de décider de notre sort.

De temps en temps, et, dans des lettres pleines d'affection et de reconnaissance pour sa mère, le jeune homme revient à la charge. Son cœur le pousse :

Chère Maman, j'ai la certitude qu'en exécutant le projet qui a hanté mon esprit, je ne fais pas un mauvais coup. Je te laisse grand juge de tout cela;

et ne vis que d'un espoir, celui de réaliser ce projet si le bon Dieu veut bien me permettre de revenir parmi vous.

A sa tante, il écrit le 31 janvier 1916 :

Merci pour la réponse que tu me donnes au sujet de ce que je te demandais. Tu as parfaitement raison ; et j'avais déjà pensé à tout ce que tu me dis. Je sais combien Maman a fait de sacrifices pour moi ; qu'elle s'est dévouée pour me faire donner une bonne instruction ; qu'elle a porté sur moi toute sa tendresse. Si j'ai eu cette idée, c'est que je pensais à plus tard. Si le sort ne m'est pas favorable, je m'en irai avec le regret de laisser cette chère maman toute seule. En me mariant, ma chère Mélanie aurait été là ; et le changement à ma disparition serait moins cruel. De plus, si j'avais la joie d'avoir un bébé, cela serait une consolation pour elles deux. Voilà les raisons qui me poussaient à avoir semblable idée. Maintenant c'est à voir. Il faut réfléchir. Je te transmets en gros ma pensée. Dis-moi ce que tu en penses.

Le 17 octobre, le fils aimant et respectueux revient encore vers sa mère :

Chère Maman, bientôt ma permission de neuf jours, à cause de ma citation. Mais, avant, je voudrais régler une question importante. Voilà. Je voudrais me marier à cette prochaine permission. Cette idée a germé en mon cerveau, et je voudrais la mettre à exécution. J'ai pesé les avantages et les inconvénients ; et, après mûre réflexion, je viens t'en parler.

Mon choix est fait, et ne pourra changer en rien. Pourquoi donc retarder le bonheur que nous cherchons l'un et l'autre?

Le 7 novembre, le Lieutenant écrit :

Je remets mes intentions à plus tard, quoiqu'il me tarde de mettre ce projet à exécution. La guerre aura bien une fin; et, avec la patience qui me caractérise, je saurai attendre encore un peu. Tout cela est à régler par une mûre réflexion.

Chème Maman, les permissions sont de nouveau supprimées. Redoublez vos prières; car, bientôt, il faudra faire comme en septembre.

Le canon tonne. Le boche est terré. Que va-t-il prendre? Nous irons bientôt le surprendre dans ses tanières, et l'en sortir. Une nouvelle période de dangers va commencer. Ma confiance est grande; j'ai la conviction d'en revenir, grâce à la protection du Sacré-Cœur. Confiance et

SAINT-QUENTIN 1917

Nos ennemis, contenus à Verdun et vaincus sur la Somme, opèrent le grand repli dit stratégique, qui conduit la 26e D. I. jusqu'aux abords immédiats de Saint-Quentin.

Le contact est repris sur la fameuse ligne Hindenburg.

Le 139e a pour mission de s'emparer de la côte 108, devant Grand Séraucourt.

Reprenons les brefs détails donnés par le lieutenant Laroque à sa mère.

16 mars 17.

Allons de l'avant. Ai toujours pleine confiance. En route vers de beaux pays que nous reprenons à l'ennemi. Tout va bien. Boche démoralisé. Ne t'en fais pas à mon sujet, chère Maman.

Le 18, il poursuit :

Quoi de nouveau depuis hier ? Pas grand'chose pour moi. Beaucoup pour la patrie.

Noyon. Tout va bien. On couche sur la dure. Mais, qu'importe ! Prie toujours pour moi. Demande surtout du beau temps pour tous ces braves poilus français.

« Ces braves poilus », comme il les aimait ! Pour eux, il fut sans doute un « chef », mais surtout un « père ». Aussi, obtenait-il d'eux ce qu'il voulait ; et, pour lui, ils étaient prêts à se faire mettre en quatre. Il leur renvoyait d'ailleurs cette estime et cette admiration. Dans ses lettres du front, dans ses conversations de permission, que de strophes enthousiastes à l'honneur de ses braves !

Je viens, écrit-il à la même époque, de faire mon petit tour dans le secteur et suis allé voir mes braves poilus qui sont toujours *très chics*. Je n'ai qu'à me féliciter d'eux. Jamais je n'avais eu une compagnie aussi bonne. Les quelques fortes têtes qui y étaient autrefois, ont disparu. Et maintenant je n'ai que de sages poilus. C'est très avantageux ; car, ainsi on a beaucoup moins d'histoires, moins de punitions à distribuer.

Un d'eux, forte tête, assez difficile à tenir et à

commander, s'était épris d'affection pour son capitaine qui le trouvait toujours prêt à marcher dans les moments périlleux. « Laroque y sera ? Donc, on marche ! » Et, alors sous les ordres, ou sous les yeux du chef, ou pour lui faire plaisir, il était merveilleux.

A la suite de cette offensive le lieutenant Larodut être évacué à Compiègne pour une indisposition passagère, qui lui valut peu après une permission dans sa famille.

Mais, le mal l'ayant repris en Auvergne, il dut se faire hospitaliser à Aurillac ; et son séjour dans cette ville allait enfin lui permettre de réaliser ses projets d'avenir.

Le 31 mai, le jeune lieutenant accompagnait à la porte de clôture du Monastère de la Visitation sa fiancée.

« Ma Sœur, je vous amène une pensionnaire. » dit-il à la sœur portière. Des pensionnaires, il n'y en a plus à la Visitation depuis 1904.

Mais, dans certaines grandes circonstances de leur vie, des dames, ou des jeunes filles sont admises pour une petite retraite. Cette retraite, Mlle Champeix allait la faire pour se préparer au grand acte qu'elle allait bientôt accomplir. Arrivée dans la chambre qui lui était destinée, se tournant vers la Supérieure, elle lui dit : « Maintenant, je suis à votre disposition ; vous pouvez faire de moi ce que vous voudrez. » La religieuse qui accompagnait la Supérieure, et qui allait avoir le bonheur de devenir sa tante, rappelait plus tard cette parole à sa nièce, et lui demandait ce qu'elle pensait alors : « — C'est que je ne savais guère ce que c'était qu'une retraite ; je pensais qu'on allait me demander quelque chose d'extraordinaire, et je me disposais à tout. »

Plusieurs fois, pendant ces trois jours, on entendit Mlle Mélanie dire : « Oh ! qu'on est bien ici!... Quel calme! Quel recueillement ! — Alors, lui dit-on, réfléchissez bien ; il en est encore temps. — Il aurait fallu, répondit-elle, que je ne connaisse pas Antonin. »...

Antonin était là, le dimanche matin, 3 juin, pour reprendre sa fiancée. Le 1er vendredi du mois, ils étaient ensemble à la Messe et à la Sainte Table. Le 15, fête du Sacré-Cœur, et les deux jours qui suivirent, ils préparèrent encore leur âme à l'union définitive par cette triple réflexion :

1° Qu'avons-nous fait pour Dieu jusqu'ici ?

2° Qu'avons-nous fait contre Lui ?   .

3°. Qu'allons-nous faire à l'avenir pour Lui, pour la société, pour la famille ?

Leur vie si belle ! et si courte, hélas ! répond amplement à cette dernière question . . . . .

. . . . ,

A eux, on peut appliquer la parole de la Sainte Ecriture : « En peu de temps, ils ont rempli une longue carrière. »

Le 18 juin, à une heure matinale, les deux fiancés étaient dans la Chapelle de la Visitation pour y communier.

A dix heures, ils recevaient dans l'église de Notre-Dame aux Neiges la bénédiction nuptiale.

Un déjeuner en famille réunissait les plus intimes avec les proches parents.

Le soir même, par le train de 4 heures, les heureux époux partaient pour le Midi, en mettant Lourdes comme étape principale de leur voyage de noce.

En cette mémorable journée, le lieutenant Laroque avait voulu se consacrer tout spécialement au Sacré-Cœur ; et pour cela s'était documenté sur l'Intronisation du Sacré-Cœur dans les familles.

Monsieur le Chanoine Marty, appelé à présider cette petite cérémonie, en fit ainsi le compte-rendu dans l'Echo religieux d'Aurillac.

« On nous apprend qu'un certain nombre de familles d'Aurillac se sont déjà consacrées solennellement au Sacré-Cœur, et nous en savons une qui mérite d'être citée en exemple. Elle profite pour accomplir l'acte d'intronisation de la célébration d'un mariage. Le nouveau marié était un soldat en convalescence. La Croix de guerre, et une décoration russe tranchant harmonieusement sur l'azur de l'uniforme ornaient sa poitrine ; et son bras gauche était chamarré de nombreux chevrons qui indiquaient trois années passées sur le front. Vers la fin du repas, le prêtre apparut dans la salle même de la noce ; et, le maître de la table, en le présentant à l'assemblée, annonça la démonstration de foi et de piété qu'il venait présider.

Une belle image du Sacré-Cœur encadrée d'une immense gerbe de fleurs fut aussitôt exposée sur la cheminée. Le prêtre procéda à la bénédiction de l'image ; puis, il prononça à haute et lente voix un acte de consécration qui avait été préparé à l'avance, et artistement calligraphié par la mariée.

Enfin, un « De Profundis » auquel répondirent les assistants fut récité pour les défunts des deux familles dont on célébrait l'union. Pendant que dura cette intime cérémonie, tous les convives se tinrent debout ; les hommes découverts, les femmes pieusement inclinées ; et on devinait qu'ils en étaient vivement impressionnés.

Peu de jours après, le chef du nouveau ménage quittait Aurillac pour aller sur le front reprendre son poste de combat. ' »

Après le pèlerinage à la Vierge de Lourdes, et quelques courtes journées passées à visiter la famille, ce fut le moment de la séparation.

On avait vécu bien peu de temps la vie à deux si douce, si ensoleillée de bonheur !

(1) Extrait de l' " Echo Religieux " d'Aurillac ; Directeur, chanoine Marty, aumônier de la Visitation.

Mais ces journées passées dans le cœur à cœur, sanctifiées par la prière faite en commun matin et soir, ainsi qu'ils se l'étaient promis quand ils seraient ensemble, furent réconfortantes ; et, par le fait même, les adieux moins déchirants.

Madame Antonin Laroque reprit son travail de bureau à la Préfecture — emploi qu'elle tint à garder jusqu'à la fin —. On ne pouvait prévoir ce que serait l'avenir ; et elle s'y réinstalla avec le dévouement qui la caractérisait. D'ailleurs, il valait mieux momentanément continuer ce travail qui était pour la jeune épouse une heureuse diversion aux angoisses dans lesquelles allait la tenir la situation de son cher Antonin toujours exposé au danger.

LE RETOUR

AU FRONT

On s'était quitté le cœur gros ; mais l'âme heureuse quand même, et pleine d'espoir. Une correspondance quotidienne allait porter de l'un à l'autre la douce affection de deux cœurs qui n'en faisaient qu'un: Cette correspondance intime et sacrée est heureusement conservée ; mais, nous n'y touchons pas. Elle demeure un trésor qui dévoilera, plus tard, au petit orphelin, mieux que toutes choses, ce qu'étaient son père et sa mère.

Suivons au front le lieutenant Laroque.

Le 6 juillet, il écrit à sa mère :

Chère Maman, me voici complètement installé : une cagna reconstruite, grâce aux pans de murs que les boches trop gentils ont laissés à notre intention. Certes, elle n'a qu'un rez-de-chaussée, mais cela nous suffit. Une couchette avec une paillasse assez bourrée, une table, un banc, n'est-ce pas le confortable

pour un guerrier? Oh! le village est joli, je t'assure! Les boches ont tout fait sauter. Tout était
brisé : lits, poëles, etc. Et il est beau de voir toute
cette féraille... L'église est dans le même état... Je te
dirai plus fort, c'est que ces énergumènes ont habité
les caveaux des cimetières, y faisant du feu, y cou-
chant même.

Ils ont fait sauter un caveau d'une excellente famille; et l'on aperçoit un crâne au milieu de ces
débris de pierre. C'est honteux!... Et je me demande
quel châtiment ils mériteraient?... Tous les arbres
fruitiers ont été sciés ras du sol; et ceci un peu
partout.

Voilà au milieu de quel désert nous vivons.... Tu
ne peux t'imaginer l'impression que produit ce changement. Avoir vu les belles campagnes de l'Auvergne, les jolies plaines de Paris, soigneusement cultivées ; et tomber dans ces régions dévastées vous
brise le cœur.

J'ai retrouvé ma compagnie comme je l'avais lais-
sée. Il y a beaucoup de permissionnaires; et les hommes ont toujours excellent moral.

Il n'y a pas eu un cas d'indiscipline. Ce n'est pas
comme le disent certains mauvais esprits qui cherchent à troubler l'intérieur.

Nos hommes vont au travail à quelques kilomètres
d'ici à tour de rôle, sans rechigner, sans la moindre
rouspétence.

Mon moral n'est pas atteint après avoir passé de

si bons jours auprès de vous toutes. J'ai la conviction que dans un mois je vous reverrai.

Merci au Sacré-Cœur qui m'a procuré tant de joies. Je le prie pour qu'il me donne celle de revenir à jamais près de mes chers parents, près de ma Nini, et de ceux que le Ciel voudra bien me donner.

Unissons nos prières à ces intentions, et, que cette joie incomparable, nous soit donnée à tous.

Le 16 juillet, le jeune officier revenait vers sa mère :

Avons passé notre 14 juillet à Nesles. MM. Bourgeois et Viviani sont venus nous faire un discours bien *tapé*.

Chère Maman, je viens de lire le rapport et d'apercevoir ma nomination, à titre définitif, dans le grade de lieutenant. Je pense qu'après cela, la troisième ficelle ne tardera pas à arriver.

Le 22, il revient souhaiter la fête à celle qu'il aime tant :

Chère Maman,

Nous serons deux maintenant pour te montrer toute notre reconnaissance ; deux pour t'envoyer aujourd'hui nos meilleurs vœux de fête.

J'espère que mon mariage t'a donné une grosse joie, et que tu es heureuse d'avoir une fille à aimer avec ton fils. Permets-moi de t'offrir quelque chose en l'honneur de cette fête souhaitée à deux pour la première fois.

Que ce petit souvenir te dise tout notre amour pour notre chère maman.

Dans les premiers jours d'août, Laroque est au pays pour une permission arriérée après laquelle il va revenir au feu.

18 août. — La danse va recommencer. Moral excellent. Confiance solide.

21. — Nous sommes sur la brèche ; ça barde. Avons réussi à faire à peu près ce qui nous était dit. Comptons toujours sur la protection divine. Je t'embrasse 304 [1] fois et de cœur.

Je suis content que Nini soit courageuse. Il le faut dans des circonstances pareilles. Ma confiance est inébranlable.

(1) Pour signifier qu'il était à la côte 304.

VERDUN 1917

La 26ᵉ D. I. qui défendit Verdun aux heures pénibles de 1916 méritait bien de participer à ce retour offensif.

Le général Pétain, commandant en chef, rassemble la 26ᵉ D. I. au camp de Mailly quelques jours avant l'attaque.

Le 139ᵉ a pour mision de s'emparer de la côte 304. L'attaque se déclanche le 20 août. Les mouvements de bataillons se font sous de violents tirs de barrage ; le débordement de la côte n'ayant pu être complètement réalisé, l'attaque reprend le 24. Le 1ᵉʳ bataillon s'empare de l'ouvrage du Peyrou malgré le bombardement d'une extrême violence par obus ordinaires et obus toxiques ; des reconnaissances dépassent même largement les objectifs, et poussent jusqu'au village de Haucourt.

Après cette tourmente, le lieutenant Laroque écrit aux siens :

29 août.

Que de reconnaissance au Sacré-Cœur qui me ramène sain et sauf de cette fournaise du 304 ! Un peu fatigué, mais ce sera vite passé. Notre avance a été superbe ; pas trop de pertes.

Ai quitté la tranchée cette nuit ; suis en arrière. Donc, heureux mortel ! Mille fois merci au Sacré-Cœur. Prions, et louons-Le ensemble.

Après le fracas de la bataille, le cher Lieutenant se repose en causant par lettres avec ceux et celles que son cœur chérit tendrement.

Ma chère Tante,

Laisse-moi te faire une demande. Maintenant que Maman et Tante Marie connaissent Nini davantage, je voudrais bien connaître leur appréciation sur elle ; savoir si mon choix les a contentées ? Ce me sera une satisfaction ; car, avec mon bonheur, je voudrais celui de mes parents. Sois assez aimable pour me dire ce que tu sais à ce sujet.

Oui, pendant ces rudes journées, j'ai pensé souvent à vous toutes ; je voyais dans quelle angoisse vous viviez, me sentant dans la fournaise. Il ne pouvait en être autrement. Oh ! je vous remercie de toutes les bonnes prières que vous avez faites à mon inten-tion. Qu'elles ont dû être grandes les minutes d'angoisse que ma chère Nini a vécues pendant ces longs jours...

Comme je connais son cœur, j'ai la certitude qu'elle remercie de toute son âme Celui qui m'a sauvé. Mon cœur frémit d'aise en apprenant que ma chère Nini te plaît de plus en plus. Fasse le Ciel que toute ma famille soit heureuse de ce choix ! Car, pour tout au monde, je n'aurais pas voulu que Nini vous déplaise.

Nous nous sommes mariés pour notre bonheur ; mais je veux que ma famille goûte un peu de ce bonheur en aimant celle que j'ai choisie. J'ai la certitude que tout ira pour le mieux.

On le voit, le cher officier continuait à vivre pendant et après la bataille avec les êtres chéris qui étaient toujours au pays natal, et même avec les chers disparus : son père, sa grand'mère, dont il évoque le souvenir à chaque anniversaire. Un désir très vif qui reparaît souvent dans sa correspondance : contenter sa mère, la rendre fière de ses galons et de ses citations, chercher son bonheur, même dans son mariage.

Mon seul désir, il y a un an, était de faire ton bonheur tout en faisant le mien ; j'espère que mon but est atteint. [1]

(1) Lettre à sa mère au premier anniversaire de son mariage.

Mais, n'anticipons pas. Voici l'anniversaire de sa naissance : 2 octobre :

Ne peux t'écrire qu'un mot en ce jour plein de souvenirs pour toi, chère Maman !.... puisqu'il y a vingt-huit ans, Dieu te donnait un petit garçon, qui est si heureux d'avoir une Maman pareille !...

Nous nous rapprochons du Boche. Je vais vers l'ennemi avec calme.

Ma chère Maman, je vais te poser une question très indiscrète ; mais j'éprouve le besoin d'en connaître la réponse. Es-tu contente de la bru que t'a donnée ton filston ? ? ?

Ton fils qui t'aime bien.

1er novembre.

Chère Maman, en ce jour je viens te rejoindre à Thiézac. Nini me dit qu'elle te suivra probablement. Je viens donc vous rejoindre par la pensée sur la tombe où vous irez sans nul doute. Mes prières viendront se joindre aux vôtres, et je m'unirai à vous pour demander à Celui qui a rappelé mon cher Papa à ses côtés de me protéger pendant toute la guerre pour pouvoir, avec vous toutes, nous réunir d'autres fois sur la tombe de ceux qui nous étaient chers, et prier ensemble.

Le 5, encore à sa mère :

Chère Maman,

Ma proposition pour le troisième galon est tombée dans l'eau. Le G. Q. G. trouve que le 139° a le nombre de capitaines prévus en comptant ceux qui sont au dépôt divisionnaire. De cette façon, ceux qui sont au front se brossent pour ceux de l'arrière. Que veux-tu, je m'incline devant le sort ; et j'ai la certitude que le Sacré-Cœur me donnera des joies qui vaudront celle-là

Me tirer sain et sauf de cette guerre, c'est l'essentiel.

Le 21, le Lieutenant revient à nouveau vers sa bonne mère lui annoncer une grande nouvelle.

Ma chère Maman,

Tu dois être au courant de l'événement qui doit se produire dans quelque temps, et va augmenter notre famille. Je ne voulais pas te le dire plus tôt, Nini ayant l'intention de le faire elle-même.

Tu ne pourrais croire tout le bonheur que j'éprouve en pensant que je vais devenir papa !... Ce sera un souci de plus pour toute la famille ; mais une grande joie d'avoir un descendant. En es-tu heureuse ? Bientôt, tu seras grand-mère !... Cela va te vieillir un peu plus ; mais, plus tard, tu seras bien contente de faire sauter dans tes bras celui ou celle que Dieu veut bien nous donner.

26 décembre.

Ma chère Maman,

Je souhaite que ta santé se soutienne bonne le plus longtemps possible pour voir grandir tes petits-enfants. Que le bon Dieu te ramène celui que tu aimes tant, et qui ne sait assez te remercier de tout ce que tu as fait pour lui. Jamais, il ne pourra te le rendre. Sois assurée qu'il fera tout pour ton bonheur, et pour te donner avec son épouse toutes les satis-factions que peut attendre une maman aussi bonne, aussi tendre pour les siens.

BEZONVEAUX 1918

« On était à Bezonvaux. La 5e compagnie avait
« le poste d'honneur, écrit le lieutenant Verny, le
« saillant du Verger sur lequel se faisaient tous
« les coups de mains. Ce ne fut que barrages sur
« barrages (jusqu'à 6 heures par jour). Les hom-
« mes étaient sans tranchées, sans fils de fer
« barbelé, pas d'abris et la pluie.

« Les premiers jours de mars, à la nuit, car
« on ne pouvait communiquer avec nous qu'à la
« lueur des ténèbres, arrive un agent de liaison
« portant une dépêche.

« Nous savions ce qu'attendait Laroque. A la
« lueur de sa lampe à acétylène, il lut la dépêche
« et, levant les bras, nous montrant l'oiseau bleu.
« il s'écria : « J'ai un fils ! » « Sa joie fut par-
« tagée par tous; mais, il fallut la permission
« (trois jours), et quitter cet enfer. La permission
« arriva enfin. Mais les boches bombardaient for-

« tement l'arrière depuis le commencement de la
« nuit. J'étais inquiet pour lui. Enfin, il partit, me
« confiant le commandement de la compagnie.
« Eclairé par les fusée éclairantes, il arriva enfin
« au Faubourg Pavé, à Verdun, sans encombre.
« J'en fus heureux pour lui. A son retour, il nous
« rejoignit au fort de Vaux. Peu après nous étions
« en avant, lui au P. G. Murat. Il y apprit sa
« nomination de capitaine, ce qui fut une fête
« pour tous. »

Impossible de décrire la joie de l'heureux officier ! Il arriva à Aurillac, le mardi 5 mars, en permission de trois jours qui passèrent bien trop vite.

Quant il repartit, ce nouveau papa ne pouvait quitter sa femme et son fils...

Plusieurs fois, il revint sur ses pas pour les embrasser. Il était ému ! Jamais on ne l'avait vu pleurer ainsi depuis le début de la guerre.

Il s'arracha cependant à son cher foyer, et reprit le chemin du front où l'attendaient de nouveaux dangers. Mais nul, pendant son séjour en famille, ne sut dans quelles conditions il se trouvait en quittant sa compagnie. Il garda sa souffrance et ses appréhensions pour lui seul.

Le 7, avant son départ, il écrivait à sa mère :

Ma chère Maman,

La petite maisonnée tient bien. Bébé et maman se portent à ravir. Quelle permission pleine de bonheur !

Le 9, il revenait encore à sa mère :

Chère Maman,

Nini va bien. Le petit Georges a été bien gentil cette nuit. Il ne s'est réveillé qu'à minuit et à sept heures du matin. Il sera moins criard que son papa. Il tête beaucoup mieux.

Le 12.

Chère Maman,

J'ai rejoint mon poste. Ça va. On peut tenir sans peur. Pas trop d'obus. Et là où je suis, ils peuvent claquer. [1]

Le 19, à sa tante.

(1) C'était au fort de Vaux.

J'ai reçu ton mot du 13. Merci beaucoup. C'est entendu, je dirai chaque jour l'acte de consécration que tu m'as donné au moment du mariage. Aujourd'hui même, je le communique à Nini qui sera très contente de se joindre à moi pour implorer encore la protection divine :

Cœur-Sacré de Jésus, nous vous appartenons ; nous ne voulons plus dépendre que de votre grâce et de votre divin bon plaisir, etc...

Le 23, le vaillant soldat écrit :

J'accomplis les préceptes de la religion qui veulent que l'on soit bon fils, bon père de famille. En montrant quelque tristesse à une séparation, je ne perds aucune des qualités du bon chrétien.

Je ne peux pas descendre pour Pâques. Je crois que nous serons encore ici : mais il y a chapelle et prêtre pour remplir ses devoirs.

Le 28 mars, il rassure sa mère :

Notre région est devenue très calme, alors que dans nos vieux quartiers 1915-1916, le Boche a pris son élan pour nous battre. Pétain les attend de pied ferme avec ses bons poilus ; et il doit réserver une grosse surprise qui les matera pour de bon.

On donne enfin suite à la proposition de capitaine du lieutenant Laroque. Il l'annonce à sa mère :

J'ai une bonne nouvelle à t'annoncer. Ce matin, j'ai appris par mon commandant ma nomination au grade de capitaine ; elle date du vendredi-saint. Tu peux deviner ma joie... Tout vient à temps pour qui sait attendre. Je te quitte en t'embrassant de mes baisers de capitaine.

Le lendemain, le nouveau Capitaine écrit à sa belle-mère :

Chère Maman,

Je suis heureux de vous apprendre moi-même une excellente nouvelle. Depuis hier, mon commandant m'a annoncé ma nomination au grade de capitaine à la même compagnie. C'était un peu attendu ; mais la joie que j'éprouve est bien grande, je vous assure.

Je vous remercie de votre bonne lettre et suis heureux que tous vos chers poilus aillent bien. Il n'y a qu'à demander la continuation.

Quant à notre poilu de 1938, je crois qu'il va bien, et qu'il ne donne pas trop de peine à sa maman. Il me tarde de le revoir. C'est que voilà bientôt un mois...

Sommes dans secteur tranquille. Embrassez toute la famille pour moi.

Le cœur du capitaine Laroque avait si bien épousé les sentiments de sa chère Mélanie qu'il écrit à ses deux mères avec des termes analogues.

Le 16 mai, le courageux Capitaine recommence à préparer sa famille à la perspective de nouveaux dangers à courir.

Ce matin, j'ai pu aller à la messe. Oui, dans les sites élevés ou dans la plaine, ma confiance est la même. Le Boche, quoique favorisé, n'ira pas loin ; et nos braves d'Auvergne feront leur devoir jusqu'au bout.

Malgré le tour que les Russes nous ont joué, nous les aurons, grâce à la protection divine qui nous donnera la victoire tant attendue.

Je confie tout au Sacré-Cœur.

30 mai, en cours de route.

Chère Maman,

Deux mots du wagon qui va sans doute m'amener vers les coins où le Boche a l'intention de nous avoir ; mais nous serons là. Et ma confiance est toujours la même.

LA FERTÉ-MILON 1918

Nous sommes aux heures critiques de 1918. Avec des forces supérieures l'ennemi poursuit son offensive foudroyante ; il avance chaque jour d'une quinzaine de kilomètres.

Débarqué en pleine bataille, le 139e arrête net l'avance ennemie, infligeant à deux Divisions de la Garde — l'élite de nos adversaires — des pertes sérieuses : telle est la conclusion brutale et suffisamment éloquente des deux combats autour de la Ferté-Milon du 31 mai au 6 juin.

Que devient le capitaine Laroque pendant ces durs combats? Suivons-le encore par sa correspondance et par des notes précieuses communiquées par un témoin valeureux.

2 juin. — Vais bien. Suis au feu. Ai pleine confiance qu'on les aura et que je vous reviendrai.

3 juin. — Ai chaud. Toujours bon moral. Ça va.

On les aura. Sommes face aux Fritz. Toujours pleine confiance.

5 juin. — Les arrêtons, ces lascars. Confiance entière.

6 juin. — Avons arrêté le Boche. Dans notre coin, il n'avance plus.

9 juin. — Me voilà sorti de la lutte sain et sauf, grâce à la protection divine.

Encore une fois, remercions le Sacré-Cœur.

28. — Oui, les Boches se trouvent coïncés. C'est une très belle contre-offensive de notre part ; et le repli boche produira un très mauvais effet en Bochie.

Tenons encore deux mois toutes les offensives qu'il pourra faire, et nous l'aurons. Il sera obligé de demander la paix avant l'hiver, ou d'attraper la pilule au printemps.

Laissons le lieutenant Verny préciser quelques détails de ces fameuses journées.

« C'était à Troesnes, le 2 juin 1918, le 2ᵉ batail-
« lon devait attaquer à 4 h. 50 sur le Buisson de
« Cresnes.

« Le 121ᵉ ocupait une petite carrière un peu
« en avant et à droite. J'avais reçu l'ordre écrit
« de Laroque d'attaquer. Il faisait encore nuit.

« Un agent de liaison passe juste devant moi. Je
« lui demande où il allait ? il répondit : « Eh ! les
« gars, on n'attaque pas. Elle est remise à ce
« soir. » J'envoyais immédiatement un agent de
« liaison qui répondit qu'il n'avait rien reçu.
« L'heure approchait. Je vois ariver Laroque et
« lui dis : Le 121e n'attaque pas ; nous devions
« avoir une préparation d'artillerie ; il n'y a
« rien ». Il me répondit aussitôt : « Un ordre est
« un ordre. Il faut l'exécuter. » Nous avions reçu
« l'ordre, il fallait marcher ; et pourtant nos
« regards s'étaient compris. Nos craintes étaient
« grandes... Il fallait marcher quand même. Il
« partit avec nous...

« Après ces fameuses journées, je dis à Laro-
« que : « Ecoute, je crois que nous en avons assez
« fait pour avoir la *Croix*. Lui, qui ne connaissait
« que son devoir, me répondit : « Nous n'avons
« fait que notre devoir. »

Rien ne lassera le dévouement et le patriotisme
du capitaine Laroque.

Au mois d'août, il écrivait à sa mère :

Chère Maman,

Quand cette carte t'arrivera, il y aura quatre ans que j'aurai quitté Aurillac pour me battre. Pendant ce temps, j'ai vu de tout, souffert de privations, assisté à de dures épreuves, et je suis toujours sorti sain et sauf, avec une excellente santé, grâce au Sacré-Cœur qui m'a protégé.

Ne te fais pas de souci à mon sujet, chère Maman. Quoique le secteur soit tranquille, je suis prudent, et ne m'aventure pas à me montrer de trop. C'est si vite reçu, une balle....

Les Boches reculent sous notre pression. Ça va ! Ça va ! 183 hommes et 2 officiers se sont rendus près de chez nous.

En un mot, nous les tenons. Et, si rien de nouveau ne se produit cet hiver, on les aura l'an prochain, et on les repoussera jusqu'au Rhin, comme dit Foch. Nous sommes dans l'attente pour l'instant. Va-t-on nous employer ? Ou nous faire prendre un secteur ? Nous l'ignorons. Pour ma part, j'attends avec confiance et patience.

LA GRANDE
ÉPREUVE

En septembre 1918, le régiment participe à l'action offensive de l'Armée Américaine pour la réduction du saillant de Saint-Mihiel.

Cette opération menée avec beaucoup de calme et de sang-froid, et dans le plus grand ordre réussit pleinement. L'ennemi, durement malmené sur chaque face du saillant, se replie précipitamment. Le 139e est le premier régiment qui entre dans Saint-Mihiel, après quatre longues années d'occupation. Les malheureux habitants se portent au devant de nos soldats avant que les derniers Allemands aient quitté la ville.

Dans les premiers jours de septembre, le capitaine Laroque avait été appelé par télégramme. Son petit Georges était malade. Il obtint une permission de trois jours qui valut au Capitaine de revoir sa chère épouse une dernière fois.

Arrivé à Aurillac, l'enfant allait mieux. C'est sa chère Mélanie qui était au lit, fatiguée. Au départ, elle était dans une angoisse indescriptible... Jamais elle n'avait tant pleuré... Et pourtant la sépération de juillet avait été si douloureuse !... Etait-ce un pressentiment, hélas ! de sa fin si prochaine ?...

Le capitaine Laroque, après trois jours passés auprès de sa femme et de son enfant reprenait donc courageusement le chemin du front ; et rejoignait son régiment à Saint-Mihiel. Laissons-le raconter lui-même son arrivée sensationnelle.

15 septembre.

Mon voyage s'est effectué d'une façon très heureuse. Après avoir quitté le train, j'ai trouvé des autos qui m'ont porté jusqu'à Saint-Mihiel où est cantonnée ma compagnie. Tout va pour le mieux ; et, je ne sais quand nous serons appelés. Devant nous, les Boches partent à toute allure. Je n'ai qu'un adjudant tué et deux blessés. Je suis d'ailleurs le seul à en avoir eu. Je regrette beaucoup l'adjudant, qui était un excellent garçon. Ce n'est point un corps colonial qui est entré à Saint-Mihiel avec le fils Clemenceau, comme le disent les journaux. Les premiers entrés dans la ville sont de la 5ᵉ compagnie du 139ᵉ avec M. Fraine en tête. Enfin, tout s'est passé pour le mieux. Il paraît que les Américains sont loin. Nous n'avons aucune nouvelle précise. Les habitants, ici, sont très *chics* et très heureux.

Le 16, le Capitaine ajoutait :

Ma nuit a été quelque peu agitée en raison de l'arrivée des avions boches qui sont venus nous jeter des bombes ; mais il n'y a pas eu trop de mal.

Je te dirai qu'hier, j'ai eu une entrée sensationnelle dans la ville de Saint-Mihiel. Comme je te le disais, je suis arrivé en auto ; et, sur la place de la ville, il y avait foule civile et militaire. On attendait M. Clémenceau. La musique du régiment, ainsi que la 5ᵉ compagnie, étaient mobilisées pour présenter le drapeau au Président du Conseil. Quand on a vu arriver notre auto, on s'est écrié : « Le voilà ! » Le lieutenant d'Arras, qui me remplaçait, a mis la compagnie au « garde à vous » et le chef de musique allait faire donner sa fanfare, quand on m'a reconnu. Tu vois qu'ils ont mis tout en branle pour mon retour !...

Le père Clémenceau n'est venu que le soir, assez tard. Il a visité tous les coins de la ville qui ont été démolis par le Boche ; puis il est reparti.

Je ne sais ce qu'on va faire de nous. J'ai toujours bon espoir et confiance.

Continuant à coopérer avec l'Armée Américaine, le 139e termina la guerre dans le secteur de Verdun par la prise de Beaumont, du bois de Fays et du bois de Wavrille. C'est déjà la fin. Attaqué partout, en retraite sur tout le front, l'ennemi s'accroche désespérément à ce dernier pilier d'une résistance désormais inutile. Le courage familier au 139e, et sa ténacité légendaire font une fois de plus leurs preuves.

Pendant ce mois d'octobre glorieux, et si douloureux pour le capitaine Laroque, suivons-le de plus près.

A sa mère, le 2 octobre.

Ma chère Maman,

Je ne puis passer sous silence ce jour anniversaire de ma naissance et te remercier de tout ce que tu as fait pour moi. Chère Maman, je tâcherai, par tous les moyens, de te prouver tout mon amour, de te dédommager par une vie simple, par mon travail, pour faire honneur à ceux qui se sont donné tant de peine pour faire de moi quelque chose. Je ferai tout pour que tu sois fière de ton fils. Et, plus tard, quand la guerre sera finie, nous serons trois pour donner le plus grand bonheur à notre chère Maman et Grand-Mère. Et, si Dieu me ravissait à votre affection, je souhaite que tu trouves en ma chère Nini une fille qui t'aime comme ton fils! J'ai une confiance parfaitement solide, et compte que nous serons à trois pour te donner toutes les consolations que tu mérites.

3 octobre.

Ce soir, nous montons en ligne. Le Boche se fait soigner. Il n'a pas fini d'en voir. Toujours confiance. Je sortirai sain et sauf de la lutte.

6 octobre.

Bien chère Maman,

C'est d'une sape bien profonde que je t'écris. Le ravitaillement n'est pas des plus commodes ; car, on ne peut le faire que de nuit, tout au moins pour la compagnie. Mon bataillon est en réserve. J'espère que tout se passera bien. Tu sais que ma confiance est toujours la même. Patience et confiance !

7 octobre.

Suis très pressé pour des raisons que je te donnerai plus tard. Il faut se préparer malgré la demande d'armistice du Boche. Il faut absolument le mener à bout et le posséder à fond.

8 octobre.

Deux mots seulement. Suis dans la danse; et

tout se passe pour le mieux. Ai toujours pleine confiance. On le tient...

11 octobre.

Ai eu une journée un peu plus dure et m'en suis tiré encore sain et sauf.

13 octobre.

Ma chère Maman,

Ma journée du dimanche a été passée près du Boche dans un trou d'obus sous la pluie. Certes, ce n'est pas le rêve ; mais j'ai eu des journées plus dures, plus terribles à vivre ; et cela me fait supporter plus facilement ma fatigue. Les Boches prennent quelque chose sur tout le front. Je crois que la fin est proche, et selon nos désirs. Je ne cesse de penser à vous. Ai toujours pleine et entière confiance.

14 octobre.

Me voilà relevé des premières lignes ; je ne suis pas encore bien loin, 600 mètres environ. Les hommes sont bien fatigués, et il faudrait bien qu'on nous ramène un peu vers l'arrière. On a besoin de se rattraper de toutes les nuits sans sommeil.

20 octobre.

Notre situation s'améliore. Nous ne bougeons plus, et occupons des tranchées assez près du Boche.

Les obus deviennent de plus en plus rares. J'occupe une sape où le Boche a vécu depuis 1916. On n'y est pas trop mal. Notre ravitaillement se fait de nuit. Nous sommes sales et boueux, car la pluie a repris. J'ai une barbe de dix-huit jours et tout à fait l'air d'un chemineau. Tout cela se tassera quand nous serons ramenés vers l'arrière. Je suis le seul officier de la compagnie. Cette solitude n'est pas des plus gaies. De temps en temps, j'ai des visites, cela me distrait.

Ma permission est prochaine. J'ai le n° 7. Elles ont repris depuis deux jours. Je crois que le laps de temps qui me sépare du départ ne sera pas très long. Cette permission ne sera que meilleure après avoir vécu d'aussi terribles journées.

Comme Nini : « Cœur Sacré de Jésus, j'ai confiance en Vous ! »

Oui, sa Nini avait confiance aussi ; mais, que se passait-il pendant ce temps à Aurillac, au foyer, Allée du Barra ?

Antonin ne se doutait pas du sacrifice douloureux qui allait lui être imposé dans les desseins insondables de Dieu... Les lettres qu'il recevait tardivement — à cause des conditions dans lesquelles se trouvait sa compagnie — n'arrivaient pas sans retard. De plus, Mélanie, en donnant des nouvelles de sa santé ne voulait pas alarmer son Antonin, et tâchait de le rassurer plutôt. D'ailleurs, rien au début ne faisait prévoir pareil malheur !

A sa visite du dimanche à sa tante de la Visitation, Mme Antonin Laroque causant de l'épidémie de grippe qui régnait en ville lui parla de deux mamans nourrices qui avaient succombé en très peu de temps ; elle parut en être impressionnée. Elle était surtout préoccupée de sa sœur Mme Veyrenche qui avait fait une rechute, ce jour-là même, et avait perdu connaissance au bureau de la Préfecture.

Avec l'énergie et le dévouement qui la caractérisaient, Mme Laroque se multiplia pour remplacer Mme Veyrenche et d'autres dames employées malades. Néanmoins, le chagrin la rongeait. La rechute de sa sœur l'inquiétait, ainsi que la pensée de savoir son mari en pleine bataille.

Son petit garçon lui-même fut souffrant pendant plusieurs jours. Mélanie dont le courage égalait l'énergie subissait malgré tout le contre-coup de tant de fatigues et de souffrances réunies.

Le lundi, à une heure de l'après-midi, elle était au couvent de la Visitation pour qu'on l'aidât à trouver une garde pour Mme Veyrenche dont l'état s'aggravait ; et on ne trouvait personne. La sœur tourière parcourut la ville en vain pendant deux heures.

En descendant du Buis, avant d'aller au Bureau, Mme Antonin Laroque passa chez sa sœur. Elle avait dit en quittant le parloir : « Je n'ai pas peur. D'ailleurs, je vais bien. Et puis, le pauvre Veyrenche est tout seul... Jusqu'ici, je me suis abstenue d'y aller à cause de Georges. Mais on ne peut tout de même pas laisser mourir Constance sans secours. — « Madame Champeix est-elle prévenue ? — Oh ! je ne veux pas que Maman vienne ; elle prendrait la grippe ; et qu'est-ce que nous ferions si elle était malade ?... J'y vais. »

Sa tante l'exhorte à la confiance au sujet d'Antonin, lui démontrant que les nouvelles du front étaient bonnes ; que l'ennemi se rendait ; que nous touchions à la victoire... La tante et la nièce étaient debout se disant : Au revoir ! et, c'était un adieu jusqu'à l'Eternité... « Surtout, dit la jeune femme avec calme, mais avec un peu de feu, surtout qu'on les repousse jusqu'au bout ! »

Puis, elle se retira après avoir demandé encore de beaucoup prier pour sa sœur, Mme Veyrenche qu'elle trouvait très mal.

De là, elle se rendit chez sa sœur, afin de lui donner ses soins le lundi soir, et y revînt le mardi. Mais, le mercredi, se sentant prise elle-même, il fallut s'arrêter ; et, c'est à peine si cette jeune maman put s'occuper de l'enfant, la bonne refusant de rester, se disant malade à son tour.

Madame Champeix et Mme Laroque mères arrivèrent l'une et l'autre, et ne quittèrent plus le chevet de la chère malade qui, jour par jour, tenait elle-même son cher Antonin au courant de son état.

Nous nous permettons de citer la dernière lettre trouvée dans le portefeuille du capitaine Laroque après sa mort.

Cette nuit, j'ai un peu reposé de 1 heure à 2 heures, et de 5 à 7 heures ; aussi je n'avais presque plus mal à la tête ; ma matinée s'est très bien passée aussi, et je me croyais sauvée : mais c'est qu'on a des accès de fièvre à peu près toujours à la même heure: 2 heures, je viens d'en avoir un, et je n'ai pu t'écrire. On est complétement abattu et en sueur : ce n'est pas très intéressant, mais tout le mal est là. J'ai une soif terrible. Enfin, je vois que je ne serai pas guérie encore aujourd'hui. Je verrai le docteur demain et lui demanderai si je peux te faire venir ; mais j'ai peur qu'on t'ajoute la permission régulière à l'autre, et ce ne serait vraiment pas intéressant que je sois malade tout le temps. Alors, je verrai. Peut-être, je te laisserai faire, si tu l'attrapais.... et qu'il s'y mette des complications avec un tempérament de quatre ans de guerre, ce ne serait pas rigolo... Tu pourrais me faire savoir de suite si tu veux ; et si on n'y verrait pas d'inconvénient.

Petit Georges ne l'a pas encore. Il est bien gai. Je m'arrête en t'embrassant bien fort. C'est l'heure.

Ta Nini.

. . . .

Quelle abnégation ! quel courage dans ces lignes ! Quelle énergie ! Ces deux cœurs faits l'un pour l'autre étaient dignes l'un de l'autre. Celui-là au feu, celle-ci à l'arrière vivaient d'héroïsme. Ce n'est pas le combattant du front qui va tomber le premier ; mais sa chère épouse. Et, ne

peut-on pas dire d'elle comme de nos soldats :
qu'elle est tombée au Champ d'Honneur ! . .

.. .., ...

Antonin appelé le dimanche, 20, par télégramme,
n'arrivait pas... La fièvre augmentait. La nuit du
lundi au mardi fut très mauvaise. Mélanie souffrait horriblement. Voyant la gravité de son état,
elle demanda elle-même le prêtre, disant qu'on
la laisserait mourir sans se confesser...

Au cours de cette nuit, elle fit aux siens les
adieux les plus touchants, n'oubliant personne,
même un petit neveu de deux ans. Parlant de
son mari, elle dit : « Vous lui direz que j'ai bien
pensé à lui »... Elle confiait petit Georges à la
mère d'Antonin, à sa mère, à tous... « Vous me
le soignerez bien ! »...

Promesse fut alors faite à la Sainte Vierge que
toute la famille irait à Lourdes en action de
grâces si la chère malade guérissait.

Tels n'étaient pas les desseins de Dieu. Malgré tous les soins des médecins et de la famille,
le mal s'aggravait. Le mardi matin, après que la
malade se fut confessée et eut communié, il y
eut une petite détente de courte durée, hélas !...

C'est M. le Vicaire Général Boyer qui lui administra les derniers Sacrements. Trois mois après, se rappelant les dispositions admirables de cette jeune femme, il disait : « Elle a bien fait les choses ! Elle semblait moins désolée de quitter les siens, que son entourage de la voir partir. »

Ah ! c'est que cette chère âme était prête à paraître devant Dieu. Elle avait fait généreusement tous les sacrifices ; et avec quel cœur ! Elle garda sa parfaite connaissance jusqu'au bout, pensant à tout, même à rendre service, même à faire demander des nouvelles de la bonne qui n'avait pas voulu rester pour la soigner.

Trois heures avant sa mort, elle demanda à voir petit Georges qu'elle regarda avec tendresse... et tristesse...

Le jeudi, jour de sa mort, elle répétait à l'heure de l'arrivée des trains : « Gare... » Et, quand la porte de sa chambre s'ouvrait : « Il ne vient pas... Il ne viendra pas... »

Vers midi un quart, le 24 octobre, Mélanie interrogée par sa belle-mère si elle avait bien confiance au Sacré-Cœur, fit un signe affirmatif. Puis, elle regarda longuement le tableau du Cœur

de Jésus, qui se trouvait au-dessus de son lit —
celui-là même de l'intronisation du Sacré-Cœur
dans leur foyer le jour de leur mariage ; et rendit pieusement son âme à Dieu à midi et demi,
laissant ceux qui l'entouraient dans une douleur
inconsolable !..

Le capitaine Laroque n'était pas arrivé. Sa
mère partit le soir même pour aller à son devant.
Pauvre mère !... C'était bien la rencontre sur le
chemin du Calvaire... en union avec la Reine des
douleurs.

Quelle arrivée à Aurillac ! Le voici dans cette
chambre témoin de si douces et si pures joies !...

Le capitaine Laroque tombe à genoux devant
le lit où repose la dépouille mortelle de celle qui
était tout le bonheur de sa vie ! Et là, il sanglote
comme un enfant... C'était le vendredi 25 octobre.
Les obsèques eurent lieu le lendemain.

Le soir de ce même jour, M. Veyrenche, employé
du Crédit Lyonnais, écrivait à la tante de la Visitation : « Oh ! oui, soyez fière de votre nièce, bien
fière ; elle est bien heureuse aujourd'hui. C'était
une sainte ! Le dernier geste de sa vie est un
geste de dévouement. Elle est venue au secours de

sa sœur malade, l'a soignée ; et, dans ses yeux, se lisait l'abnégation d'elle-même. »

Le lendemain dimanche, le capitaine Laroque et sa mère montaient entendre la messe à la Chapelle de la Visitation. Quel calme dans son immense douleur ! Il s'amusait même avec son petit Georges !

Le jour de la fête de la Toussaint, et le jour des fidèles trépassés, il s'approche de la Sainte Table pour y recevoir le Pain des forts ; repart le soir même pour le front, lorsqu'un télégramme de son colonel l'autorise à prendre sa permission.

On l'atteint à Mauriac, et il reste quelques jours auprès de sa mère et de son enfant. Sa douleur est incomparable ; mais sa chrétienne résignation l'est aussi. Il est broyé, mais fort de la force d'En Haut, par son adhésion à la volonté divine.

Le 9 novembre, il écrivait à l'une de ses tantes :

Aujourd'hui, j'ai longuement pensé à la pauvre Mélanie ; car, voilà quinze jours que nous l'accompagnions à sa dernière demeure. Prions pour qu'elle ait toutes les joies célestes, et qu'elle nous protège du haut du Ciel.

Le 14, en passant à Paris, il va se réconforter à Montmartre, revoir la Basilique du Sacré-Cœur, la place où ils avaient prié ensemble avec sa Mélanie, quinze jours après leur mariage. Il écrit:

J'ai bon courage, malgré la dure épreuve.

Le 16.

Il me semble qu'au milieu de mes poilus, et avec quelques occupations, ma douleur sera moins vive. Je compte que ma chère disparue m'aidera à supporter courageusement cette cruelle épreuve.

Le 18.

La marche en avant dans les pays libérés continue. Je suis à huit kilomètres de Metz. Accueil excellent dans chaque village.

Le 23, le Capitaine annonce qu'il s'approche de l'Allemagne :

Suis près de la frontière boche et je pense que nous allons la dépasser. Demain, je voudrais bien pouvoir rester ici pour assister à la messe, et prier avec vous pour cette chère Mélanie ! Pour qu'elle nous protège, et que son âme soit bientôt dans la paix du Seigneur, si elle n'y est déjà. Malgré les occupations du commandement de la compagnie, ma pensée se reporte à un mois en arrière ; et je revis ces tristes moments que nous avons eu à vivre. Je me soumets devant la volonté divine, mais c'est dur !...

L'armistice avait été signé le 11, à la fin de sa permission. Le Capitaine avait donc rejoint son corps en Lorraine pour voir nos troupes avancer triomphalement dans nos provinces reconquises. Ce cœur broyé ne sent pas moins résonner en lui toute sa joie française. Suivons-le, ce vrai patriote :

Me voici installé à Mondern, à deux kilomètres de la frontière allemande, écrit-il le 25. Je suis logé et nous faisons popote chez un vieux prêtre, ancien précepteur, qui est charmant pour nous, et qui a gardé un cœur des plus français. Il n'est pas le seul, d'ailleurs. Toute la Lorraine est peuplée de véritables patriotes qui, depuis l'ancienne frontière jusqu'à celle que nous approchons, nous ont reçus à bras ouverts, aux cris de : « Vive la France ! Vive l'armée ! » Les enfants, même les plus petits, savent parler français, et venaient nous attendre drapeau déployé quand nous devions traverser un village. Et quand le drapeau du régiment passait derrière la musique qui leur jouait quelques hymnes français, les habitants s'agenouillaient devant l'emblème de la Patrie ! C'est te dire combien toute la population annexée est restée française.

A Sierk, près de la frontière boche, nous avons eu une réception enthousiaste. Les jeunes gens de la ville sont venus nous attendre musique en tête ; et derrière eux, de nombreuses jeunes filles, en costume lorrain, apportaient des bouquets pour les libérateurs. C'était sublime ! Et ces manifestations nous remplissaient de bonheur, nous qui avons lutté pour libérer ces deux provinces. Au moins, nous avons la satisfaction d'avoir eu une récompense à notre peine. Hier, j'ai assisté à la messe dite au village.

28 novembre.

Ma chère Maman,

Ce matin, à huit heures, j'ai assisté à la messe et me suis joint à toi pour prier pour notre chère Mélanie. Il est probable que tu as dû faire dire la messe à la même heure. Nous avons donc été encore plus unis pour cette cérémonie. J'ai confiance que le Sacré-Cœur m'aidera à porter cette croix si lourde ! J'ai beaucoup prié pour qu'elle me protège et me soutienne dans la vie. Cette pensée ne me quitte jamais.

Enfin, adorons les desseins du Bon Dieu. Il est le

Grand Maître : et c'est à côté de Lui que repose, j'espère, cette âme d'élite que j'avais prise pour compagne de ma vie.

En décembre, le régiment pénètre en Pays Rhénans. Le capitaine Laroque marche en compagnie de sa douleur intense qui ne le quitte pas.

Ma santé est bonne, écrit-il, et mon courage augmente ou diminue suivant les circonstances et les souvenirs. Confions toujours notre douleur au Grand Consolateur des souffrances terrestres pour qu'Il nous aime davantage et nous protège ici-bas avec l'Ange qu'Il nous a pris.

Le 18, il écrit :

Depuis 18 mois, que de changements !... Que de tristesses !... Quelle douleur !... Hélas! mon Dieu, j'ai confiance en Vous !

Nouvelle étape vers Mayence. Le 21, le capitaine Laroque écrivait à Mme Champeix.

Bien chère Maman,

Je profite de quelques instants entre mon repas

du soir et une ronde que je dois faire à onze heures, pour mettre ma correspondance à jour. Nous avons si peu de temps dans la journée avec les marches que nous faisons. Je ne puis tarder davantage à vous apporter à tous mes vœux de bonne année, sachant combien les lettres sont lentes à vous parvenir. C'est à vous seule que je m'adresse, chère Maman, pour que vous transmettiez à tous vos chers enfants qui vous entourent et au papa Champeix tous les souhaits que je fais pour vous tous. Que le bon Dieu vous donne une excellente santé ! Que l'année à venir ne soit pas troublée par un événement aussi cruel que celui qui a bouleversé notre vie à tous. Que votre douleur s'apaise chaque jour un peu avec l'espoir de retrouver un jour Celle qui a fait un si grand vide ici-bas. Nos pensées se retrouvent souvent auprès d'elle, cette chère Nini tant pleurée ! Ah! oui, je ne pourrai jamais oublier cette chère enfant qui fut si bonne pour moi et pour tous ; qui savait nous donner tant de joie aux uns et aux autres!... Mon travail de jour me distrait un peu ; mais, dès que je me trouve seul, surtout le soir, je me mets à penser longuement à cette chère aimée. Je suis obligé de me surmonter ; car, il m'est arrivé souvent d'être obsédé par cette pensée, et de ne pouvoir trouver le moindre repos, absorbé par tous les souvenirs qu'elle a laissés. Que Dieu nous a éprouvés de l'enlever ainsi en plein bonheur...

Par moment, je me figure que cela ne peut être

vrai; que je la reverrai à ma permission. Hélas !
la vérité paraît alors trop terrible...

Allez bien vite voir ce cher petit Georges si mignon! Il a été si gentil pendant la visite de sa tante
Félicie! Il ne le sera pas moins avec sa grand'mère.
Je ne compte guère le voir avant commencement
mars; il sera bien changé, n'est-ce pas?...

. . . .

Recevez, bien chère Maman, mes bons baisers de
fils, qui vous aime tendrement.

Le 24 :

Je n'ai pu aller à la messe aujourd'hui, écrit ce
bon catholique, car ici nous ne retrouvons plus
d'église. Ce soir, je ne pourrai aller à Minuit. Maman fera dire une messe pour nos défunts; j'y pense-
rai et prierai pour eux; et particulièrement pour
notre chère Mélanie. Bien tristes souvenirs d'il y a
deux mois... Pleurons encore notre tant aimée Nini!

Le 26 :

Je revis les si tristes moments d'il y a deux mois;
et je reprends courage auprès du bon Dieu. Ici, point
de messe, pas d'aumônier, pas d'église catholique ;
mais je joins quand même mes prières aux vôtres.

(28 DÉCEMBRE) MITTELHEIM

A midi très précis, j'étais sur le pont qui nous a permis de franchir le Rhin...

Date mémorable dans la vie d'un homme, n'est-ce pas?...

31 décembre. — Le capitaine Laroque qui a laissé à sa mère son cher petit Georges — ce cher enfant privé sitôt des tendresses et des caresses maternelles — lui écrit des lignes touchantes :

31 décembre :

Ma chère Maman, tout ce que tu me dis sur notre cher Zouzou, me fait venir les larmes aux yeux. Ce cher petit qui avait une si bonne maman qu'il ne connaîtra pas... Mignon chérubin! Fais-lui de grosses bises pour son papa. Demain, 1ᵉʳ janvier, il aura dix mois. Comme le temps passe!...

On le voit, les grandes journées de soldat du

capitaine Laroque ne l'empêchent pas de vivre
sans cesse avec la pensée de sa chère Mélanie : »

Quand la douleur m'étreint, écrit-il, je pense à
tout le bonheur que j'ai eu avec notre chère disparue.
Le bon Dieu m'avait donné comme compagne un
cœur d'or. Comme nous avons été heureux pendant
ces quelques mois de mariage ! Et, pour augmenter
notre bonheur, le bon Dieu nous a donné un charmant petit bébé, qui est maintenant notre grande
consolation, puisqu'il est l'être vivant qui nous rappelle sa chère maman. Toutes ces pensées doivent
apaiser notre douleur ; et, de plus, nous pouvons
compter qu'elle jouit Là-Haut d'un immense bonheur.
N'est-ce pas pour nous un motif de réconfort ?

Oui, ma chère Nini voulait mon bonheur. Elle a
tout fait pour me le donner ; et, elle continue sûre-
ment à le désirer pour moi.

. . . .

Ces admirables sentiments de foi et de résignation chrétienne du capitaine Laroque ne se
démentiront point. Jusqu'à sa dernière heure ici-
bas ils sont les mêmes. Malgré l'intensité de sa
souffrance, de ses lèvres, comme de sa plume jail-
lissent des paroles sublimes de conformité à la
volonté de Dieu. Il se console en pensant au Ciel.

A sa mère, il écrit :

Ma chère Maman,

L'année qui vient de s'écouler nous a donné bien des joies; mais elle se termine par un trop grand malheur. Le bon Dieu a ses desseins. Inclinons-nous. Nini est plus heureuse auprès de Lui qu'ici-bas. Que de Là-Haut elle nous protège, nous qui sommes si peu de chose sur cette terre. Notre vie est une vie de peines et de souffrances. Ne pensons qu'à l'au-delà ; et au bonheur que nous aurons de revoir cette si charmante Nini !

EN PAYS

RHÉNANS

L'armistice signé, le capitaine Laroque avait
suivi son Unité en Pays Rhénans.

« L'occupation nous était réservée, écrit le lieu-
« tenant Verny. Par étapes, depuis Verdun, zig-
« zaguant à travers la Lorraine, le Palatinat,
« nous finîmes par arriver dans le cercle de
« Mayence. Partout, Laroque se fit remarquer
« par son esprit militaire, sa justice.
« La rentrée en France du 139ᵉ était décidée.
« Laroque voulut rester en Pays Rhénans. J'en
« fus consterné. Tous mes camarades : supé-
« rieurs comme inférieurs, et toute la compagnie
« le regrettèrent. Je perdis un excellent et véri-
« table ami, qu'hélas ! je ne devais plus revoir. »

. . . .

Le 2 janvier, le capitaine Laroque écrit à une
de ses belles-sœurs, Mme Bapt ; et, après lui

avoir longuement parlé de ce qui peut l'intéresser sur le pays, sur ses occupations de chef de bataillon provisoire etc., il ajoute, comme toujours un mot du trop-plein de son cœur.

Chère Félicie, j'ai toujours grand courage, et me console avec la pensée que Nini m'a laissé un charmant petit ange ; et, qu'un jour je la retrouverai Là-Haut. Inclinons-nous encore une fois devant les desseins de Dieu.

Le 21 janvier :

Voici de nouveau de tristes jours à revivre, écrit-il à sa mère. Je serai fort, je te le promets.

Comme je suis heureux de ce que tu me dis sur petit Georges qui, chaque jours, devient plus mignon!

Le 24 :

Nous voilà de nouveau à une date qui nous rappelle de tristes souvenirs. Que notre chère Nini nous manque!... Et, comme nous nous habituerons difficilement à ne plus la voir... Cette joie nous sera réservée dans l'autre monde où nous jouirons tous d'un même bonheur. Il faut être forts en pensant à cette joie future; et prier pour qu'elle nous protège.

En février, le capitaine Laroque espère sa permission pour bientôt :

J'attends avec impatience le chef de bataillon, écrit-il, pour partir vers vous.

Le 24 :

Je ne puis rester seul en cette triste journée, et je viens reposer mon cœur sur ceux qui ont souffert avec le mien. La douleur sera ainsi plus légère à supporter. Ensemble prions pour notre chère Envolée. Qu'elle donne à ce Zouzou mignon toutes les qualités qu'elle possédait! A bientôt le bonheur de vous voir tous!

Le 1er mars, le capitaine Laroque prend sa permission ; elle est à la fois douleur et joie : douleur en songeant à sa chère Mélanie si vite ravie à son affection ; joie, en revoyant pour quelques jours son bien-aimé petit Georges.

Le 2, il écrit :

Qu'il est mignon, ce cher petit, après ses douze mois sonnés!... Hier, j'ai longuement pensé à la joie éprouvée par toute la famille, il y a un an!... Comme nous aurions été heureux de fêter tous ensemble ce joyeux anniversaire! Mais, l'absence de notre chère Nini vient assombrir notre joie. De Là-Haut, elle nous voit, et avec nous se réjouit du grand bonheur que nous donne ce cher petit Georges!

Le 26, en rentrant de permission, le Capitaine trouve son régiment à Mayence.

Nous avons, écrit-il, le service de place qui est assez considérable. Sommes obligés d'exiger une excellente tenue, et de demander beaucoup de discipline pour que le boche sente notre force.

Je t'envoie la carte postale de l'église catholique de Mayence (église de Saint-Pierre) où je suis allé ce matin entendre la messe; c'est là que j'irai dans la semaine me réconforter et prier le bon Dieu de m'aider.

Le capitaine Laroque ne sait pas remplir ses devoirs à demi ; aussi ses occupation ne lui laissent point de temps libre. Néanmoins, sa plume va fidèlement et régulièrement vers les siens.

Le 1ᵉʳ avril, le cher officier s'associe à la douleur de M. Queuille, son cousin de Niort. Mᵐᵉ Queuille, gravement malade, est dans un état désespéré.

Chaque jour je prie pour la guérison d'Elise, et pour ce pauvre cousin !

Aujourd'hui, 13 mois que notre Zouzou est venu au monde ! Vendredi, 1er vendredi du mois, j'irai à la Sainte Table.

Avec l'aide du Sacré-Cœur, notre vie, quoique brisée par la douleur, sera douce et heureuse en attendant de pouvoir jouir des grandes joies du Ciel.

15 avril.

Date pénible ; elle nous rappelle deux événements bien douloureux ! Encore plus douloureux pour moi, car les circonstances ne m'ont pas permis de recueillir une dernière parole de celle qui m'aimait tant !

Ah ! que Dieu m'a envoyé une cruelle épreuve ! Mais j'ai confiance. Et, bien que mon cœur soit brisé, j'ai la certitude qu'Il veillera sur moi, sur mon cher Zouzou et ceux qui m'entourent. Prions ensemble pour le repos de l'âme de nos chers défunts. Ma pensée volera à Marchastel, à Aurillac, pour être entièrement avec vous en ces douloureux souvenirs.

18 avril.

A Madame Champeix.

Bien chère Maman,

On parle beaucoup de nous faire rentrer à Aurillac. Cette nouvelle me fait plaisir ; mais, me brise

le cœur. Comment en serait-il autrement ? Comme
mon existence me semblera vide... Ma chère Nini y
tenant une telle place! Je me consolerai avec ce
gentil petit Georges qui maintenant sera de jour en
jour plus intéressant. Je ne puis laisser passer cette
date du 18 sans vous rappeler mon bonheur d'il y a
22 mois. Oh! comme le bon Dieu m'a cruellement
éprouvé de me séparer de ma chère épouse. Quel vide
il a fait en mon cœur ! Quelles douleurs il a fait naî-
tre dans ceux qui la chérissaient ! J'ai confiance qu'Il
me donnera de douces consolations auprès de ce cher
enfant et de tous les miens. Elle nous protègera de
Là-Haut et nous préparera une place.

Le 24, ce cœur si bon reprenait la plume ; il
avait besoin de s'épancher :

Bien chère Maman,

Après la dure épreuve d'il y a six mois, je viens
bercer mon cœur sur le vôtre pour qu'il soit moins
seul; pour qu'il supporte plus facilement ce deuil qui
l'a tant endolori. Ensemble, revoyons notre chère
Nini, après cette date si cruelle...

Vivons avec elle lorsqu'elle nous donnait le bonheur le plus parfait par sa délicatesse, sa bonté, ses
qualités sans nombre qui en faisaient une fille ado-
rant ses parents, une épouse et une maman modèle.

Pensons donc à ce bonheur d'antan, et à celui

dont elle jouit aujourd'hui ! En nous quittant, elle nous a laissés dans la peine la plus profonde. Consolons-nous en pensant qu'elle jouit d'un bonheur tout autre et plus grand.

Prions pour qu'elle l'ait au plus tôt, si elle ne l'a pas encore ; et qu'elle protège tous ceux qu'elle a chéris sur la terre.

A notre Nini, toutes nos pensées et toutes nos prières de ce jour.

Le 14 mai, le capitaine Laroque eut une de ses meilleures joies militaires.

Il écrit le 15 :

Hier, je n'ai pu t'écrire. J'ai été pris toute la journée. A midi, on nous a annoncé la visite du maréchal Foch, qui venait de Konigstein et passait par ici. Il a fallu faire les préparatifs d'usage pour sa réception. Je n'avais jamais eu occasion de le voir, et j'étais heureux de pouvoir connaître notre grand chef. Taille moyenne, visage sévère. Il montre à son allure, à son regard, toute l'énergie qui est la caractéristique de son tempérament, et qui nous a valu la victoire. Je t'assure que les Boches le regardaient.

Après cette satisfaction bien légitime, le voilà encore revivant une date douloureuse.

16 juin.

Ma bien chère Maman,

La vie de cette terre n'est faite que de sacrifices, de soucis et de peines. Aujourd'hui, vingt-deux ans que mon cher Papa nous était enlevé pour te jeter dans la tristesse et les pleurs. Moi, trop jeune encore pour peser ce malheur, j'étais moins atteint par cette perte cruelle. Et voilà que Dieu, après de longues années, a voulu renouveler en toi cette douleur en prenant à ton fils sa chère épouse. Dieu en m'éprouvant cruellement, en me faisant supporter le poids d'une douleur semblable à la tienne déjà lointaine, a voulu la faire revivre en toi.

Inclinons-nous devant ses desseins. Il est Dieu, et fait tout pour le bonheur de ses frères. En cette journée pleine de deuil, avant-veille d'un jour heureux, je me sens un grand besoin de venir me pencher auprès de toi, et, avec petit Georges entre nous deux, me rappeler ce qu'ont été ceux que nous avons tant aimés !

Les jugements donnés par tous ceux qui les ont connus nous disent combien ils étaient estimés ; mais nos cœurs parlent plus fort et nous les montrent tels qu'ils les ont connus.

A toi, chère Maman, revient la pénible instruction de notre cher Zouzou. A toi de lui faire connaître ce que fut sa chère Maman et son grand-père.

Au milieu des larmes qui inondent tes yeux, donne-lui de gros baisers de Maman, et pour tous ceux qui auraient aimé la connaître, en attendant que je puisse, auprès de toi, remplir mon rôle de papa.

Ce matin, je n'ai pu aller entendre la messe, le travail que nous avons ces jours-ci, ne me le permettant pas. Mais je n'ai point oublié dans ma prière matinale celui qui nous suit de Là-Haut, et jouit avec tous ceux que nous avons aimés du bonheur éternel.

A sa belle-mère.

24 juin.

Ma bien chère Maman,

En ces dates de si triste souvenir, je ne puis rester seul ; c'est un besoin de venir me soulager auprès de ceux qui ont aimé celle que nous pleurons ensemble. On ne peut ne pas regretter un ange comme celui que vous aviez, et que vous m'aviez confié, hélas ! pendant un laps de temps beaucoup trop court.

N'y pouvant rien, nous n'avons qu'à nous consoler avec tous les motifs de consolation qu'elle nous a donnés, cette chère Nini !

Pendant son court séjour sur la terre, elle nous a donné des joies sans égales, et à moi, un bonheur incomparable ! Soyons heureux d'avoir connu ce cœur, de l'avoir aimé, et consolons-nous encore avec l'idée qu'elle est Là-Haut dans les Cieux. Oh ! Nini. Non, jamais, je ne pourrai t'oublier ! Ensemble, chère Maman, prions pour cette chère enfant ; mêlons nos larmes de douleur ; mais espérons que Là-Haut, elle jouit d'un bonheur éternel, et que nous l'y retrouverons.

Hier, la paix a été signée ; nous étions prêts à partir vers Francfort. Maintenant, nous attendons les événements.

A sa mère, à la même date, le fils affectueux exprime des sentiments analogues.

Remercions Dieu, dit-il, de nous avoir fait connaître notre chère Nini. Des cœurs comme le sien sont assez rares. Nous aurions été trop heureux après cette terrible guerre. Dieu a voulu nous éprouver pour mieux mériter le Ciel.

Le Capitaine ajoute :

Nous étions prêts à foncer si le Boche n'avait pas signé.

Pendant que nous nous préparions, les gens avaient peur ; beaucoup de femmes pleuraient ; et pas mal d'hommes criaient : « Oh ! guerre pas finie. »

Je ne sais combien de temps nous allons rester

ici, ou si nous allons rejoindre notre régiment d'Aurillac. Il n'y a qu'à attendre. Je compte que le bon
Dieu m'aidera. Cœur-Sacré de Jésus, j'ai confiance
en Vous !

25 juin.

Ma bien chère Maman,

Nouvelle période de tristes souvenirs. Haut les
cœurs ! n'est-ce pas ?

Voilà la paix signée. C'est une date mémorable
dans l'Histoire. Et c'est heureux d'avoir vu se dérouler tous ces événements de guerre, de les avoir
suivis de près pour assister à l'apothéose qu'est
notre victoire. Nous pouvons remercier le bon Dieu
de m'avoir protégé au milieu de la tourmente, et de
m'avoir ramené à vous tous. Pourquoi a-t-il pris
notre chère Mélanie, plutôt que moi ?...

Mystère ! Lui seul le sait...

2 juillet. — Encore à sa mère.

Après la signature de la paix, le général Reibell
a passé le régiment en revue dans une grande plaine
où nos pionniers avaient préparé un arc de triomphe avec les inscriptions habituelles. Nous avons
défilé devant le général qui nous a trouvés superbes
d'allure. Le jour même de la signature, à 3 heures 30,

pendant que les délégués signaient à Versailles, nous étions sous les armes, et les présentions tandis que la musique jouait les hymnes nationaux. Le Colonel a fait un petit discours, rappelant aux jeunes ce que les aînés ont fait dans cette guerre, et leur léguant le drapeau, puisque les vieux vont les quitter petit à petit. Ensuite, nous avons défilé devant le Colonel. Voilà les manifestations de joie en usage dans l'armée. C'était joli et prenant au cœur, pour moi tout au moins.

Je n'ai encore aucun tuyau sur mon affectation. Advienne que pourra. A la grâce de Dieu !

Le 8 juillet, ce fils au cœur si bon revient vers sa mère :

Chère Maman,

J'apprends que tu t'es enrhumée. Pourquoi ne me le dis-tu pas ? Tu sais que je l'apprends toujours. Soigne-toi bien, et ne fais pas d'imprudence. C'est l'excès de travail qui te vaut cela. Donne-moi de tes nouvelles très précises pour que je sache comment tu vas. Je ne pourrai partir d'ici que le 29 ou le 30. L'ennuyeux, c'est que tu ne pourras faire ta saison à Vichy que le 20 août. Est-ce que cela ne t'ennuiera pas ?

Le 12 juillet, le Capitaine écrit à sa tante d'Aurillac :

Deux mots en vitesse. Je viens d'être appelé auprès du Colonel. Je suis désigné d'office pour partir pour l'armée d'Orient. Il en fallait un par régiment ; et comme je suis le plus jeune, on m'a pris. Maintenant, il ne faut pas s'émotionner pour cela. On en prend peut-être un par division, et il y en aura de plus jeunes que moi, non mariés et sans enfants. *C'est à toi seule que je confie cela.*

En attendant les événements, confions-nous au Sacré-Cœur qui règle tout.

Le capitaine Laroque ne pouvait, à la suite du deuil si douloureux qui lui avait brisé le cœur, se faire à l'idée de ne pas retrouver à Aurillac sa chère épouse. Cette cruelle perspective le décida à faire une demande d'affectation à un des régiments de l'Est.

Voici en quels termes il annonce à sa mère sa nouvelle affectation :

23 juillet.

Bien chère Maman,

Hier soir, j'ai appris mon affectation dans un

corps de l'armée d'occupation. Je suis versé au 2ᵐᵉ tirailleurs de marche ; mais je ne rejoins ce régiment que lorsque le mien partira pour Aurillac. Nous sommes une douzaine pour compléter les cadres de l'armée qui reste en pays rhénans. Cette affectation me prive de passer quelques années près de vous tous à Aurillac. Mais, comme pendant la guerre, j'aurai des permissions tous les trois mois et, de ce fait, l'éloignement ne sera pas aussi pénible. Je te laisserai donc, chère Maman, le soin de veiller sur notre cher petit Georges. Nous reparlerons de tout cela à ma permission. Que la nouvelle que je t'apprends, chère Maman, ne te soit pas trop pénible.

Confions notre destinée au Sacré-Cœur de Jésus !

En septembre, le cher officier, au milieu de ses travailleurs, revit les journées de septembre de l'année précédente, lorsqu'il avait eu la joie de voir sa chère Mélanie, hélas! pour la dernière fois.

Ses yeux, écrit-il le 11, ne s'étaient jamais autant mouillés de larmes. Bien au contraire, chaque fois elle se montrait très courageuse, et me quittait avec le sourire. Mais, cette fois, elle devait pressentir ce qui devait arriver. Au départ du train, ses yeux se sont fixés sur moi jusqu'au moment où j'ai disparu à sa vue, et avec une telle insistance qu'on aurait

dti qu'elle voulait m'adresser son dernier regard.
De Là-Haut, elle me voit, cette chère aimée, et me
sourit comme elle faisait autrefois quand j'étais
auprès d'elle. Et, de tout cela, les jours et les mois -
nous éloignent de plus en plus ! Mais le souvenir de
cette Nini aimée est impérissable. Les années qui
nous éloignent de ce bonheur terrestre tout en nous
rapprochant d'elle ne changeront en rien nos sentiments à son égard, et nous les lui transmettrons
par de bonnes prières.

Une petite feuille intitulée : *La mort ne sépare
pas ceux que la foi unit* a été retrouvée dans le
portefeuille du Capitaine après sa mort ; elle a
été arrosée de larmes. Certains passages en sont
devenus presque illisibles. Cette pensée de l'abbé
Perreyve s'y trouve: « La mort peut briser bien
« des joies, bien des projets, bien des espérances,
« elle ne peut rompre les liens qui unissent une
« âme immortelle aux âmes qu'elle aime immor-
« tellement. »

Cette âme de foi vivait de ces pensées, et les
alimentait dans la prière.

Je sors de la messe, écrit-il le 21 septembre. Je
te demanderai si cela t'est possible de m'envoyer

un petit livre de messe, mais complet ; et, si c'est
possible, avec la messe que j'ai surtout suivie et
qui me permettrait de l'apprendre par cœur. J'en
ai déjà un brin dans la tête. Ce serait pour l'y mettre
entièrement.

Octobre.

Nous entrons dans un mois plein de tristes souvenirs. Passons-le aussi courageusement que possible, en pensant à l'Au-Delà.

Il revit la route parcourue depuis sa naissance
dans une lettre à sa tante :

2 octobre.

Mes trente ans viennent de sonner à l'instant
même où je commence cette lettre. Il est neuf heures
un quart, et Maman m'a dit que c'est à cette heure-
là que je suis venu au monde. Voilà ma jeunesse
passée ; et maintenant, je vais redescendre la pente
que j'avais gravie. Je jette un regard vers le passé,
et les joies réelles de ces quelques années sont mêlées
de bien cruelles douleurs.

Ma tendre enfance passée auprès de parents si
bons, si aimés ! La mort de ce cher Papa dont le
souvenir me reste, quoique à l'âge que j'avais. on
ne garde qu'un faible souvenir des événements écoulés. Mort bien pénible pour ma chère Maman qui,

(comme moi à l'heure actuelle pour petit Georges),
a mis sa consolation à m'élever du mieux possible
pour faire de moi sa joie et celle de celui qui nous
avait quittés. Puis, viennent les grands événements
de la vie : la première communion ; la séparation,
pour faire mes études ; ces années de boîte, où
j'aurais pu donner plus entière satisfaction à mes
maîtres et aux miens. Mais alors, on est jeune et on
ne comprend pas que, plus tard, le rôle que vous
jouez dépend de votre application à l'école. Puis,
après cette longue période passée sur les bancs du
lycée viennent les deux années de caserne, où la vie
était plutôt dure ; mais il fallait la supporter, et
cela, pour notre France.

Heureusement, j'avais une bonne tante qui me
réconfortait.

Ma vie de bureaucrate a suivi cette vie de caserne ; vie uniforme, morne parfois. Ah ! certes, aujour-
d'hui je préfère de beaucoup la vie que je mène. Elle
s'adapte plus facilement à mon tempérament. La
guerre qui nous a appelés à défendre mon pays me-
nacé me l'a fait aimer. Période bien dure, désespé-
rante parfois; mais, combien réconfortante était la
pensée qu'un Etre suprême nous gardait au milieu des
rudes combats, et donnait à certains la joie de se
trouver vivants, après avoir franchi la fournaise,
pour qu'Il soit plus aimé, plus adoré ! Joies du foyer
pendant les dernières années de cette lutte!

Joies, hélas! de bien courte durée; mais, combien douces!...

Deuil cruel! Fin de guerre! Consolation d'être le père d'un fils chéri! Nouvelle carrière où Dieu m'a lancé pour mon plus grand bonheur et celui de tous les miens.

Eh bien! après avoir repassé tous les événements de cette vie, malgré les douleurs qui y sont nombreuses, mais obligées, inévitables, puisque la vie de ce monde n'est pas éternelle, je ne peux que remercier le bon Dieu de tout ce qu'Il a fait pour moi. Et maintenant je me donne à Lui pour qu'Il me guide, me donne quelques joies et apaise mes douleurs.

Après avoir jeté un coup d'œil vers le passé, laisse-moi, avec toi causer du présent. Les hommes que nous avons sont du recrutement d'Oran, un des meilleurs de l'Algérie. Ces hommes de couleur plus ou moins bronzée, suivant qu'ils viennent du littoral ou de l'intérieur, sont en général très bien bâtis, grands, solides. Ils ont le respect du chef; mais, en général, sont menteurs et paresseux, aussi pour savoir la vérité, il faut souvent employer « la trique ». Aujourd'hui cela se fait moins. Avant la guerre, c'était le grand moyen employé.

Ils parlent l'arabe, et très peu le français. Ils ont leur religion (un prêtre divisionnaire vient les voir de temps en temps). Je ne sais en quoi elle consiste. Ils ne doivent pas manger de porc, ni boire de vin. Au milieu de la tête, ils ont une touffe de cheveux assez longue. C'est par là que leur dieu doit les prendre après leur mort et les amener à leur paradis. Ils disent toujours: « tu » aux officiers, même aux généraux. De même nous les tutoyons. Le « vous » pour eux est une insulte.

Dans le courant d'octobre, le capitaine Laroque parle des troubles provoqués par certains boches.

Ces jours-ci, nous sommes un peu surmenés. Les Spartakistes veulent manifester contre le traité de paix et contre les troupes alliées. Ils veulent nous submerger par le nombre et nous mettre à la porte. Ce ne sera pas aussi facile qu'ils le croient. D'abord nous n'aurons à faire qu'à des ouvriers plus ou moins organisés. Et puis, s'ils bougent trop nous taperons dans le tas.

Ne t'émotionne pas pour une si petite chose. Il y a beaucoup d'exagération; et avant de mettre pareille chose à exécution ils réfléchiront un peu. D'ailleurs cela n'est pas fait pour nous émotionner. Nous en avons bien vu d'autres. Si cela devait barder, le Sacré-Cœur saurait encore me protéger dans la tourmente. A bientôt le plaisir de nous voir. Elevons nos âmes vers Dieu pour être plus près de notre chère Nini.

12 octobre. — A sa mère.

12 octobre.

Bien chère Maman, deux mots en sortant de la messe. Dans les journaux, tu as dû voir qu'à partir du 1er janvier, les troupes d'occupation n'auront que deux permissions par an. J'ai été très ennuyé de cette modification, mais, que veux-tu ? il faut se soumettre comme à beaucoup de choses. Malgré cela nous avons des avantages sur les troupes de l'intérieur ; deux permissions au lieu d'une; et, comme solde je vais toucher dans les 1050 par mois. C'est appréciable.

La vie n'est faite que de changements... et, pour se faire une situation, on ne peut toujours rester au même endroit.

C'est un sacrifice, mais la vie n'est faite que de cela. Fais de grosses caresses à notre cher petit Zouzou.

Au commencement de novembre, le cher Capitaine arrive en permission. Son petit Georges le reconnaît, et l'appelle « Papa ».

Cette permission — et ce sera la dernière — ne peut être qu'entremêlée de douleurs et de larmes. On célèbre le douloureux anniversaire.

. . . .

Le 24, retour en Rhénanie, il vient d'arriver à Hôchst. On l'affecte à une autre compagnie. Le

Capitaine perd son chef de bataillon qu'il regrette vivement, il va rejoindre ses hommes à Kastel.

Pendant ces mois d'hiver, l'ancien amateur de foot-ball va de nouveau se livrer à ce genre de sport dans lequel il excelle. Ce sera pour lui une distraction nécessaire à sa douleur et à sa santé. Il est chargé officiellement de l'équipe du régiment. Il rend compte aux siens de ses randonnées dans les grandes villes des Pays Rhénans ; de ses succès; de ses défaites aussi, — rares d'ailleurs.

Il a beaucoup de travail ; sa correspondance et son cœur en souffrent. Cela ne l'empêche pas de faire passer toute son âme dans les cartes qu'il envoie :

Dans la douleur, il n'y a qu'à s'incliner devant les desseins insondables de Dieu. Bon Noël !

Le 28 décembre, il écrit :

Ma chère Tante, j'ai une triste nouvelle à t'annoncer. Mon régiment va partir incessamment au Maroc, et avec tous ses cadres. Je ne tiens pas à y aller, car il faut y rester deux ans sans permission. Je me confie encore une fois à la Providence.

Oh ! la Providence ! il fait bon se fier à Elle. Tout, dans ses desseins, concourt au plus grand bien de ses Elus.

Pendant quelques jours encore (trois mois), le capitaine Laroque fera de l'occupation. La menace d'un premier départ au Maroc n'a pas de suite, et il continue à s'occuper des sports. Ses succès sont tels, qu'à son départ pour la Syrie, son équipe aura battu celle de toute les unités des Pays Rhénans, et que son Colonel, le montrant à son Commandant, dira de lui : « Voici le Triomphateur ! »

L'année 1920 s'ouvre pour le capitaine Laroque (comme les années écoulées), le cœur plein de sa chère Mélanie, plein aussi de conformité à la volonté divine.

10 janvier.

En ce jour, ma chère Nini aurait 26 ans. Quel triste anniversaire avec celui de sa fête ! Inclinons-nous, Dieu l'a voulu ainsi.

24 janvier.

Aujourd'hui renaissent de cruels souvenirs... Petit

Zouzou est heureusement là pour nous consoler tous !
A notre chère Nini toutes nos prières en ces jours
particulièrement tristes !

Il vit de la pensée de sa chère disparue, de
son enfant et de sa mère.

2 février.

Chère Maman,

Je vois que tu es toujours pressée. J'ai l'impression que tu as encore la mairie à ta charge. Si
c'est vrai, je ne te comprends plus. Il faut fixer
une date au maire. C'est entendu. Je compte que tu
feras comme te le conseille ton fils. Jusqu'ici, il
avait suivi tes conseils, mais maintenant, il peut
t'en donner. Je pense que tu les accueilleras bien
en les mettant à exécution. Tu as rempli assez longtemps les fonctions de secrétaire.

Mars apporte au vaillant officier une nouvelle
et bien douloureuse épreuve. C'est le départ pour
la Syrie. Plus que jamais, il met sa confiance en
Dieu. Ce que son cœur et son âme ont souffert
en cette circonstance pénible est resté son secret.
D'ailleurs, désormais, il voilera le plus possible

aux siens sa souffrance morale, et leur laissera ignorer ses souffrances physiques.

Le passage suivant d'une lettre du lieutenant-colonel d'Auzac, qui commandait le 2e tirailleurs en Pays Rhénans et en Syrie nous laisse deviner les angoisses du Capitaine.

« Le départ subit du régiment pour la Syrie
« avait été pour le capitaine Laroque une dure
« épreuve. Ses sentiments d'amour paternel
« avaient beaucoup souffert de cette cruelle sépa-
« ration... »

Le 8 mars, il l'annonce à sa famille avec courage, mais avec peine aussi. Sa soumission domine tout.

Une nouvelle bien peu agréable à vous annoncer. Mon régiment est désigné pour partir en Syrie ou au Maroc. Nous embarquons, vendredi 12, pour Aix-en-Provence, où nous resterons environ deux mois pendant lesquels nous aurons une permission..

C'est un bien *chic* voyage qu'on nous réserve. Mais cet éloignement ne me plaît guère après six ans d'absence. Enfin, il faudra se soumettre. On parle de laisser quelques officiers dans le régiment qui nous relève. Serai-je de ceux-là ?... A la grâce de Dieu !

Le 19, le Capitaine écrit de nouveau :

Dans une semaine, et peut-être moins, je quitterai le sol français pour voguer vers Beyrouth... Quel est le sort qui nous attend tous ? ? ?

Nous sommes destinés à l'armée du Levant, et le général Gouraud disposera de nous.

Je suis encore à Carpentras. Demain, nous partons pour Marseille et, à partir du 22, nous embarquons sur le « Général Galliéni ».

Les permissions, par ordre ministériel, nous ont été supprimées. Je pars le cœur gros de ne pas vous voir tous, et de ne pas embrasser mon petit Zouzou.

A sa mère, ce fils aimant ajoute :

Que veux-tu, chère Maman, il faut s'incliner devant la réalité. Je suis militaire et, de ce fait, à la disposition de la Patrie. C'est peu agréable, mais si le devoir nous y appelle, il faut se soumettre.

Très chic, en cette saison, d'aller sur la côte d'Azur ! Il ne faut pas s'émouvoir sur mon sort. Ce n'est rien de terrible, la Syrie. A la grâce de Dieu !

Cependant, à son passage à Avignon, le cher officier envoie aux siens une carte représentant l'agonie de N.-S. au jardin des Oliviers... N'est-ce pas le symbole des dispositions de son âme angoissée ? de son cœur broyé par une séparation si lointaine de son enfant, de sa mère, de tous les siens ?...

Habitué à se vaincre autant qu'il a su vaincre l'ennemi, son âme généreuse adhère à la volonté de Dieu. Lui aussi, comme Jésus à Gethsémani, il prononce son « Fiat ! » « Non ma volonté, mais « la vôtre, Seigneur ! »

EN SYRIE

Le 28 mars 1920, dimanche des Rameaux, le capitaine Laroque, à Marseille, écrivait sur une carte de N.-D. de la Garde :

Suis avec nos cousins Mme et M. Papon en pèlerinage avant mon départ. Mer superbe pour embarquer demain. Ai excellent moral.

« Antonin est aussi calme qu'aux meilleurs
« jours de son bonheur, écrivait Madame Papon.
« Je l'ai même trouvé gai.

« A l'heure où je vous écris, il est déjà loin,
« vers les côtes d'Italie « ballotté par les flots »,
« ainsi que le dit sa pauvre mère.

« Que votre grande consolation soit de penser
« que votre cher enfant est parti très courageux,
« presque content, si ce n'eût été la peine de

« rester si longtemps sans vous voir, et de ne pou-
« voir vous embrasser avant son départ. »

Ce fut le lundi de la Semaine Sainte que le
« Galliéni » quitta le port de Marseille, se diri-
geant vers Beyrouth, pour y débarquer le Samedi
Saint, à la nuit..
Le pieux officier, sans s'en douter, gravissait son
calvaire. Et, dans les desseins insondables de
Dieu, était appelé à finir sa vie dans cette terre
d'Asie arrosée par le sang même du Fils de
Dieu.

Que se passait-il en son âme en cette Grande
Semaine ? Il ne nous l'a pas révélé... Tout ce que
nous savons, c'est que là-bas, il a toujours cher-
ché à rassurer ceux qu'il laissait sur la douce
terre de France !

Suivons par ses lettres la vie mouvementée
qu'il y mène.

Beyrouth, 5 avril 1920.

Bien chère Maman, cher Zouzou,

Me voilà bien loin de vous tous ; mais ma pensée
ne vous quitte pas. Et pendant toute cette traversée,

j'ai pensé aux miens que j'ai laissés là-bas si loin, sur cette belle terre de France !

Mon télégramme de ce jour a dû vous dire que j'ai fait un excellent voyage terminé par l'arrivée dans un pays tout nouveau. Nos lettres, désormais, ne seront pas aussi fréquentes, les courriers partant pour la France n'ayant lieu que tous les huit jours.

Bonne et superbe traversée. Pas de mal de mer. Beyrouth, très belle ville, mais originale en raison des coutumes des habitants. Temps superbe; beaucoup trop chaud même.

Sommes logés sous la tente dans un camp à 6 kilomètres de la ville. Vivons dans une nappe de sable. Pas d'arbres. Quelques maisons à allure bizarre dans les environs. A trente kilomètres de nous il y a de la neige sur la montagne.

Demain, avons revue par le général Gouraud.

Au moins, *ne vous en faites pas* pour moi.

En cette fête de Pâques, je suis de cœur avec vous à Marchastel. Que malgré mon éloignement cette fête ne soit pas trop triste. C'est ce que je demande au Sacré-Cœur !

Qui eut supposé qu'un jour je me trouverais aussi éloigné de vous tous? . C'est ma destinée. Il n'y a qu'à la suivre en se confiant au Maître de toutes choses.

Quelques jours après, le Capitaine revient vers sa mère pour lui faire le récit de son voyage.

Chère Maman,

. . . .

Donc, lundi 29 mars, à onze heures, nous avons pris la direction du port pour nous em-barquer sur le *Galliéni,* qui, sous pression depuis quelques jours, nous attendait pour lâcher l'ancre. Majestueux et formidable bateau autrichien, capturé pendant la guerre, dont les mâts s'élançaient gaill-lardement vers le ciel d'un bleu très pur, fumant à grosses bouffées pendant que les hommes commen-çaient à l'envahir. C'est colossal, ce que contient un tel bateau! : 2000 hommes, 100 officiers, le person-nel à bord et tout le matériel que peut amener avec lui un régiment qui se déplace : cuisines roulantes, voitures, etc., etc.

Les hommes étaient installés un peu partout dans les cales, sur le pont, etc. Les sous-officiers dans les 2ᵉˢ classes et les officiers dans les premières. Nous mangions au restaurant du bateau, et, la nourriture y était très bonne.

Notre démarrage a eu lieu à 4 h. 10 très précises. Nous avons mis quelques minutes pour sortir du port puis nous avons pris le large sur une mer un peu houleuse, en raison du vent qui sévissait depuis le matin. Malgré tout, le bateau, très bien équilibré (150 mètres de long sur 15 mètres de large) ne tangue pas trop — faire mouvement de l'arrière à l'avant — ; et ne roule pas trop; — roulis: se balancer d'un côté à l'autre. — Cela nous laissait prévoir que la mer serait calme lorsque nous serions au large en pleine mer. C'est, en effet, ce qui s'est produit, et la Grande Bleue s'est montrée très généreuse pour mon premier voyage. La nuit a été sereine. J'ai dormi comme sur terre. Nous avons longé les côtes de Corse, mais sans les voir. Au matin, nous avons aperçu l'île d'Elbe, de Monte-Cristo, puis l'île du Strombolli, avec un village au bas de la montagne. J'aurais voulu que tu nous voies sur notre bateau, jumelles en main, fouillant l'horizon, et heureux de retrouver un brin de terre et de le signaler.

Le deuxième jour, nous avons passé par le détroit de Messine, que nous avons très bien vu, avec Reggio en face. Notre musique a salué la terre de nos alliés. Puis nous avons longé les côtes italiennes pour nous lancer ensuite en pleine mer.

Plus rien, si ce n'est une vaste nappe d'eau bleuâtre ou verdâtre, suivant les rayons du soleil. — Arrivés dans la mer Ionienne, très agitée par des lames de fond, qui font tanguer le vaisseau, il monte, puis il s'abaisse aussitôt.

On croirait que le bateau vous abandonne ; vous perdez pied. C'est ce tangage qui vous donne le mal de mer. Pour ma part, j'ai résisté très bien, alors que pas mal de mes camarades n'ont pas fait apparition à la salle à manger pendant toute une journée. Puis la mer, en se rapprochant de l'île de Crète, au nord de laquelle nous sommes passés, au milieu d'un archipel, s'est calmée assez rapidement

Notre dernier jour de traversée, Vendredi-Saint, ne nous a pas permis de voir la moindre côte.

Dans la dernière nuit, nous sommes passés au nord de l'île de Chypre; et, le samedi vers midi, nous avons aperçu la côte syrienne, avec, au loin, ses crêtes recouvertes de neige. Je t'assure que cela nous a refroidis un peu. On nous annonçait la région comme si chaude! A 2 heures nous approchions de la côte, apercevions Beyrouth, qui forme une avancée. Elle nous a apparu comme une grande ville, avec des maisons à l'européenne, à l'arabe. La première impression a été bonne. Notre entrée au port a été longue, ce dernier n'étant pas des plus vastes.

Nous avons mangé une dernière fois sur le bateau; et, vers 7 heures, nous mettions pied à terre en Syrie. Il faisait nuit, car, ici, le jour se lève à 5 heures, et à 6 heures 30 il est nuit. Nous avons traversé une partie de la ville pour nous rendre au camp. L'impression était bien. La ville nous apparaissait *très chic*, avec des rues éclairées à l'électricité, des tramways, de grands cafés, etc. Mais, au jour, le mardi de Pâques, quand nous avons passé la revue du général Gouraud, elle nous a paru sale, sans style, sans confort; beaucoup de quartiers mal construits, avec des masures infectes où vivent des gens peu intéressants.

Le camp que nous avons occupé est formé de tentes dites Marabout où l'on peut coucher 10 à 12. La première nuit n'a pas été des plus agréables; car nous avons couché sur la dure, sur un isolateur en bois, que l'on nous a cédé. Il était tellement dur que j'ai dû l'abandonner pour coucher sur le sable, beaucoup plus doux. Les jours suivants, nous avons pu utiliser des lits pliants achetés à Marseille. Oui, j'ai emporté tout un matériel pour monter mon ménage; un lit pliant fait de bois et d'une toile tendue, un matelas, un moustiquaire, une chaise pliante, une cuvette en caoutchouc. Tu vois que je suis bien monté, et qu'avec cela je peux faire campagne en Syrie.

Le dimanche, nous n'avons pas pu aller en ville; il a fallu instruire nos hommes, qui, venant de tous les régiments, n'ont pas de cohésion. De plus, l'éloignement de la ville ne nous permettait pas d'y aller. Nous avons travaillé beaucoup.

Réveil à 5 heures ; exercice de 6 heures à 9 heures 30 ; soupe ; sieste de onze heures à deux heures, au moment de la plus grande chaleur. De nouveau, exercice de 2 à 5 heures. Puis, soupe et la nuit arrive.

L'endroit que nous occupons est une plaine allant vers la mer : quelques habitations et quelques arbres. Partout du sable. Plus en arrière, à 20 kilomètres, des montagnes assez élevées, et où se trouvent une multitude de petits et gros villages. Les habitants préfèrent quitter la plaine ; en été, la chaleur y est intolérable ; ils recherchent un air plus frais. Il est vrai qu'il fait réellement chaud ici. Je t'assure qu'on recherche l'ombre. Cependant, l'avant-dernière nuit, il a plu. Le lendemain, le temps était aussi clair que d'habitude. Les nuits sont, en général, assez fraîches.

J'oubliais de te donner quelques détails sur la revue passée par le général Gouraud. Mardi dernier, le Général a voulu nous voir et saluer notre drapeau. Nous lui avons rendu les honneurs au milieu de toutes les troupes de la garnison rassemblées devant son poste de commandement. Il m'a fait une *très chic* impression lorsqu'il est passé devant moi.

Figure sympathique et énergique. Il lui manque le bras droit et il boîte. C'est te dire qu'il a un souvenir durable de la guerre. Nous avons ensuite défilé devant lui dans une rue de Beyrouth, et il ne faisait pas froid, vers 1 heure 30.

La foule, curieuse, inondait les rues. Quelques groupes criaient : « Vive la France ! » car l'influence française, dans cette région, est reconnue. Malgré tout, il y a des bandes qui, poussées par un parti, cherchent à nous faire du mal, à attaquer nos postes, comme en Cilicie par exemple. Entre eux, ils ne peuvent pas se sentir, surtout par suite de la différence de religion. Il y a : chrétiens, juifs, mulsulmans.

Le séjour au camp fut de courte durée. Le 28, le jeune Capitaine écrit de nouveau à sa mère :

Ma chère Maman,

Le bataillon s'est déplacé. Dans la nuit du samedi

au dimanche, il a fallu se préparer à un nouvel embarquement ; et, le dimanche, à neuf heures, j'étais sur le « René » qui devait nous conduire à Alexandrette, dans la Cilicie. Nous y sommes arrivés le lundi matin, et depuis, nous sommes campés dans le « bled » près de cette ville. Nous ne savons exactement pourquoi a eu lieu ce départ précipité. Il est probable que nous allons partir en colonne vers Antioche ou Alep pour impressionner des bandes armées qui empoisonnent nos postes.

Le 29, le Capitaine écrit :

Chère Maman,

Suis parti en colonne depuis hier soir. Allons faire une tournée de dix à douze jours pour voir certains postes.

2 mai.

Bien chère Maman,

Nous voilà en station pour un jour afin de donner un peu de repos aux hommes avant de reprendre notre randonnée à travers monts et vaux. Comme je crois te l'avoir dit, notre mission est de visiter les postes de la région. Ces postes sont plus ou moins forts, et assez distants les uns des autres. Ils surveillent les secteurs qui leur sont affectés, et font la chasse aux brigands qui pullulent dans le pays. Dans notre dernière étape, nous avons été arrêtés par une de ces bandes ; mais elle n'a pas insisté ; ils nous ont tiré dessus mais n'ont touché personne. Ils s'attaquent de préférence aux isolés qu'ils tuent et volent. Ils prennent quelquefois nos postes à parti pour avoir des vivres et des munitions. En général, ils ne réussissent pas. Ces gens sont des Bédouins ou Chérifiens. Ils vivent comme des brutes. Alors qu'ils ont des plaines superbes, très fertiles, à peine cultivées, ils préfèrent vivre aux dépens des voisins. Ils habitent dans des maisons faites de roseaux et de terre.

Demain, nous allons continuer notre petit voyage ; visiter un autre poste et, de là, aller vers Antioche. Nous partons de très bonne heure, car le soleil tape dur dans ces plaines. Souvent, heureusement, une douce brise vient rafraîchir la température. Quand nous arrivons dans un terrain propice, nous montons notre camp, faisons notre repas, installons nos tentes et dormons aussi bien que possible, jusqu'à l'heure où il faut se préparer pour repartir.

Aujourd'hui, nous sommes dans une grande plaine.

A perte de vue, des montagnes et, de ci, de là, des villages bâtis comme je t'ai dit. La végétation est à peu près la même que chez nous ; mais très peu d'arbres.

A l'instant où j'écris, une hirondelle vient de visiter ma tente. Peut-être avait-elle l'intention d'y construire son nid ? Elle ne retrouve plus le sien, le village qui se trouvait à côté ayant été détruit par les brigands.

12 mai.

Bien chère Maman,

Je rentre de ma tournée à travers les régions occupées par nos postes où existent des bandes de brigands qui ne veulent pas de l'intervention française. Nous avons été envoyés en colonne pour les mater, et pour qu'ils laissent nos postes tranquilles. Le résultat est acquis. Mais le sera-t-il pour long-temps ? C'est ce que nous ne pouvons savoir. Dès qu'ils vont nous sentir au loin, ils vont sans doute recommencer la petite guerre contre les postes isolés. Nous avons rejoint Alexandrette depuis hier soir. Nous sommes dans un camp à 12 kilomètres de là. Dans un de ces camps que nous construisons nous-mêmes à la va-vite. Oh ! c'est vite fait de monter une maison en campagne. Autrefois, j'apprenais à les enterrer, et maintenant nous pouvons nous installer à découvert. C'est plus sain, plus commode, et cela demande un peu moins de travail. Nous passons notre vie à les monter et à les démonter. Heureuse-ment que le temps est souvent très agréable. Il ne pleut presque jamais et, ainsi, nos baraques résistent très bien.

13 mai.

Nous rentrons de notre randonnée autour du lac d'Antioche. La partie des terres qui s'étend à environ 50 kilomètres à l'est d'Alexandrette, est une vaste plaine, probablement un ancien lac, dont il ne reste qu'un vestige, le lac d'Antioche. Cette plaine est excessivement riche, mais peu cultivée. Le blé y pousserait avec une facilité incroyable. Les indigènes se contentent de la remuer à peine et par endroits, pour suffire à leur alimentation. Ils vivent du produit de cette terre et des animaux qu'ils élèvent. Leurs maisons sont faites de roseaux. Bien rares celles construites en pierre. Dans toute cette région, nous avons des postes de valeur différente, disséminés et ayant comme mission de protéger tous ces villages contre les bandes de brigands chérifiens, bédouins qui ne vivent que de ce qu'ils prennent aux autres. Ils font des razzias de troupeaux et rentrent chez eux. Non contents de s'attaquer aux villages, ils s'attaquent aussi à nos postes pour se procurer des armes et des munitions. Ils arrivent en bandes armées, cherchant à surprendre le poste. Pour calmer ces bandes ou les mettre à la raison, on envoie des colonnes parcourir la région. Ces colonnes sont fortes environ de mille hommes, comme la nôtre, munies de canons et de mitrailleuses. Nous avons donc la mission de pacifier le pays.

Nos premières étapes se sont faites sans incident.

Mais vers le 30 avril, quelques *salopards*, nichés dans des rochers, ont essayé d'arrêter notre marche au moment de passer dans un défilé. Ils n'ont pas insisté longtemps et ont pris la direction de la montagne pour ne pas être vus. Malgré cela ils nous tiraient dessus, à des distances qui indiquaient leur peu de courage. Le 2 mai nous avons continué notre marche en avant. Là, nous avons trouvé une plus grosse résistance. Des cavaliers et des fantassins, ce ne sont pourtant pas des troupes régulières, avaient cerné un poste, et ce poste n'avait presque plus rien comme vivres. Nous avons dû le débloquer. La chose a été facile. Aux premiers coups de canon, tous ces brigands ont rejoint leur repaire à la vitesse du lièvre. Dans un village où nous sommes passés, ils venaient offrir une boisson quelconque au colonel et autres officiers et, quand la colonne a été partie, ils nous tiraient dans le dos. A notre retour, le colonel a donné ordre de brûler le village, que les gens avaient d'ailleurs quitté par crainte de représailles.

Par la suite notre mission a été de ravitailler les postes; et nous n'avons plus eu à intervenir; car les brigands s'étaient calmés, sentant notre présence dans la région. Peut-être vont-ils maintenant recommencer leurs sauvageries. Laisse-moi te dire entre parenthèse que ce ne sont pas des brigands, ce sont des dissidents qui ne veulent pas la domination française. Nous en trouvons ici, comme nous en avons trouvé en Algérie et au Maroc. Ici ils sont brigands en même temps. Par exemple, ils défendent aux villages voisins de nos postes de vendre quoi que ce soit aux Français, sous peine de voir une razzia leur enlever tout ce qu'ils possèdent.

Le genre de vie que nous menons est assez agréable par ses changements brusques. On passe du silence le plus absolu à la pétarade, sans grand danger. Vie de mi-guerre, mi-paix, à circuler d'un patelin à l'autre, à coucher tantôt sur des rochers, tantôt dans la plaine, à manger tantôt de bons œufs du pays, tantôt de la viande de singe, à se priver quelquefois de pinard. Ce sont là des changements qui font le charme de cette vie coloniale.

Le plus ennuyeux, c'est que les lettres mettent trop longtemps à nous arriver et que nous n'avons pas les commodités voulues pour écrire.

J'ai bien pensé à l'anniversaire de ma Première Communion! Voilà déjà vingt ans! Que de souvenirs depuis... Que de remerciements à ceux qui m'ont élevé! Que d'Alleluia au Sacré-Cœur qui, au milieu des péripéties de la vie, m'a conservé à ceux qui me sont chers; m'a donné du bonheur brisé par une cruelle épreuve dont la seule consolation est de penser que celle qui me l'avait procuré jouit d'un bonheur plus grand encore....

. . . .

De ce coin de la Syrie, non loin de la Palestine, reçois mes bons baisers.

A la grâce de Dieu! En cet anniversaire, je te fais large part de toutes mes pensées.

. . . .

Rentré à Beyrouth, sur le « Batavia », par une mer très calme, le Capitaine écrit :

7 juin.

Hier j'ai eu la douce joie de pouvoir assister à une messe à Beyrouth. C'était la solennité de la Fête-Dieu. Et ce matin j'ai eu le bonheur de communier. Chaque fois que cela me sera possible, je le ferai. Mais souvent nous n'avons pas de commodités pour l'une et l'autre action. Notre éloignement de tout centre habité ne nous le permet pas.

Le 29, ce fils affectueux adresse à sa mère tous ses vœux de fête pour Ste-Anne.

Quand on est loin, il faut que le cœur parle assez tôt pour qu'il y ait communion dans les événements qui nous rapprochent. Chère Maman, de Syrie, je t'envoie mes vœux les meilleurs. Comme je serais heureux de te donner un gros baiser pour te prouver toute mon affection; car, je te dois beaucoup! Je souhaite que beaucoup aient une mère comme celle

que le bon Dieu m'a donnée. Console-toi de mon éloignement par la présence de notre cher fils si mignon !

Son cœur éprouve toujours le besoin de se
donner, ou de donner des témoignages de sa tendresse. Le 26 juillet — jour de la fête de sa
mère — il écrit à sa tante de Marchastel, qu'il
considère comme une seconde maman.

Bien chère tante Marie. Je suis obligé de m'y prendre à temps pour que ma lettre t'arrive pour le 15
août. Que la Sainte Mère du Ciel dont tu portes le
prénom t'accorde toutes les grâces que tu demandes.
Sois assurée que ton neveu t'aime comme on aime
une mère ; il pensera à toi en cette date et viendra
t'apporter au matin de ce jour un gros bouquet de
vœux, par la pensée puisque le trop grand éloignement l'empêche de faire mieux.

Mais, continuons à extraire des lettres du capitaine Laroque quelques détails sur ses randonnées à travers le pays.

4 août.

Viens de faire la sieste après une journée bien pénible. Sommes partis hier soir à dix heures pour

marcher sur Djerablouz, où on annonçait des troupes de réguliers turcs. Il y en avait, mais très peu. Nous avons poussé jusqu'à l'Euphrate, et nous sommes arrêtés à 4 kilomètres. Impossible de le voir. Dommage! Avons rencontré petite résistance vite réduite par nos canons Ensuite avons trouvé quelques *Niacouais* — comme nous les appelons — qui nous offraient des raisins en passant dans leur vigne, et qui ensuite nous tiraient dans le dos. Tu parles d'une graine ces gens-là! Ils ont peur des Français. On leur a dit que nous étions méchants ; que nous brûlions tout sur notre passage; prenions femmes, enfants, etc. — Région bien chaude. Nous étouffons, même près d'un ruisseau où nous pouvons nous rafraîchir.

Ah! nous recevons des ordres....

Départ demain 4 heures. Compagnie avant-garde ! *Très chic!* Au revoir.

5 août.

Avons garanti toute la colonne, grâce à notre vigilance. Pas un coup de feu. La cinquième était en tête.... Ils ont eu peur.

Avons trouvé quelques phénomènes armés de fusils qui s'amenaient bien tranquillement vers nous montés sur des bourriquets. Avons pris les fusils et les avons fait conduire au colonel Andréa qui commande la colonne.

Sommes arrivés à Tel Kar, petit patelin, après

cinq heures de marche. Malheureusement pas d'eau, ou eau de puits peu agréable à boire. Ai visité maisons peu confortables, très basses avec un rez-de-chaussée. A l'entrée, deux salles ; l'une réservée aux animaux et l'autre, un peu surélevée — une marche — pour les habitants. Pas de fenêtres. Rien que des trous en forme de losange ; quelques paillassons et tapis faits de poils de chameaux. Pas d'ustensiles de cuisine. Ne vivent que de lait et de légumes verts ; melons, tomates, etc... Pas de cheminée. Font du feu avec les ossements des animaux et paille hachée.

10 août.

Encore un petit combat et la poursuite. *Pas de casse.* Campons près d'Aïntab. Environ huit kilomètres, près de nous une source délicieuse.

D'ailleurs, dans nos haltes, nous devons rechercher les points d'eau pour la boisson des hommes et celle des animaux.

Demain, nous marcherons sur Aïntab, et allons l'assiéger. Nous avons là un poste ; et les Turcs qui ne veulent pas céder la ville à la France, comme le stipule le traité, attaquent constamment ce poste. On va pour le dégager, et poser des conditions aux notables et au chef de la ville ; je ne sais s'il acceptera.

11 août.

Nous voilà encerclant la ville de tous côtés. Le Turc a fait quelque résistance à l'entrée de la ville, àux abords immédiats, sur les crêtes, car cette ville est dans un bas-fond. Ne pouvant résister devant notre élan, ils se sont réfugiés dans la ville. Je ne sais ce que va faire le Colonel. Nous attendons patiemment les événements. Nous ne sommes pas trop ennuyés par leurs fusils. Nous sommes trop loin. Quant aux canons, ils ne nous ont tiré avec que le premier jour. Maintenant plus rien. Ma compagnie est divisée en quatre, répartie sur les pitons pour protéger les arrières du bataillon. Je suis sur un piton rocheux dominant la ville et la vallée. Travaux d'installation et de surveillance du nouveau secteur. On commence à employer les termes du front français, mais cela y barde moins.

12 août.

Ce matin, j'ai fait le grand tour pour aller voir mes sections. J'ai photographié la ville à trois kilomètres : à droite, ville turque ; à gauche, ville arménienne, avec le poste français. Tout autour, des collines arides, ou recouvertes de vigne. Dans la vallée, quelques beaux jardins avec haricots, pommes de terre, — ici, légumes de luxe, on n'en trouve que très peu, — aubergines, tomates, etc...

Ce soir, nous avons fait un prisonnier qui apportait des plis aux Turcs dans la ville. Je pense que la capture sera intéressante pour notre Colonel.

15 septembre.

Je suis installé dans une carrière de pierre qu'occupe ma compagnie. Je suis bien. Journées plus fraîches. Nuits bien meilleures.

Aïntab compte 80.000 habitants et pourrait facilement nous loger ; mais elle est hostile. Nous la bombardons sans cesse, même avec de gros canons. Nous occupons les crêtes qui sont autour. J'ai trouvé une place assez confortable : carrière assez profonde et m'y suis installé. Il y fait meilleur que sous la toile de tente.

Nous partons demain matin pour faire une tournée dans les environs. Les dangers que l'on court ne sont pas des plus grands. Le plus ennuyeux, c'est d'être aussi éloignés de ceux qui vous sont chers. Il faut l'accepter ainsi. D'ailleurs, les mois passent. Quand tu recevras ce mot, j'aurai fait un tiers de mon séjour ; il ne me restera que douze mois. Les six mois écoulés ont passé assez vite ; je pense que les autres passeront vite aussi.

Ai énormément d'écritures ; les 50 % de la compagnie sont rapatriables. Il faut préparer leurs pièces.

21 octobre.

Je suis toujours aux abords de la ville d'Aïntab

que les Turcs ne veulent pas rendre et où ils résistent. Nous refaisons en somme une nouvelle guerre ; mais moins terrible parce que les Turcs n'ont pas autant de canons que les Boches. Ces temps-ci, nous nous organisons autour de la ville et reprenons un peu la vie de tranchées comme sur le front français. De là où est ma compagnie, nous dominons toute la ville et la bombardons. Il y a déjà pas mal de maisons démolies. Tant pis pour eux. Le traité de paix nous donnait cette ville, ils n'ont qu'à nous la céder.

Comme on le voit, c'est toujours la même vaillance, toujours le même patriotisme.

Ce patriotisme ne l'empêchait pas néanmoins de protester quand il y avait lieu.

Un jour, dans une circonstance qu'il nous serait trop long de décrire ici, un commandant pour lequel il avait du reste une estime profonde l'aborde en lui disant :

— Vous allez vous porter à tel endroit.

— Mon Commandant, je ne marche pas. — Vous ne marchez pas !... — Mon Commandant, je ne marche pas... — Et pourquoi ?... reprit avec surprise le Commandant qui connaissait sa bravoure. — Mon Commandant, je ne marche pas, parce que ma compagnie a marché à tel et tel endroit ; qu'elle tient devant X... depuis tel jour... et que telle compagnie n'a pas bougé. Quand elle aura marché, je marcherai. — Vous êtes sûr que cette compagnie n'a pas marché ? — Oui, mon Commandant, j'en suis sûr. — J'y vais, reprend le chef de bataillon ; et, si elle ne marche pas, vous marcherez. — Oui, mon Commandant, si elle ne marche pas, je marcherai ».

La compagnie en question marcha ; et le capitaine Laroque, qui avait le souci de ses hommes, eut la satisfaction d'avoir épargné la vie de ses chers soldats sans faiblir à son devoir de patriote.

Patriote, certes, il l'était :

« Il faut faire tout son devoir, écrivait-il un « jour ; mais il faut savoir le faire. »

Sa conduite a jusqu'au bout témoigné de son patriotisme comme de son héroïsme, puisque pour la France il a tout sacrifié: patrie et famille et qu'il s'est enfin sacrifié lui-même....

.. ..

Mais, quelle que fût son ardeur chevaleresque, il savait, quand il le fallait, protester en faveur de ses hommes, et réduire au minimum les sacrifices que leur demandait la Patrie.

FIN DE HÉROS

Le 8 novembre, le cher Capitaine, au repos
à Alep, écrivait à sa Mère :

Chère Maman,

Un de ces matins, je pense descendre en ville et
trouver une église pour me rapprocher du bon Dieu
et de celle qui nous contemple de Là-Haut !

Le 13, il assure sa mère qu'il s'est uni à tous
pendant les jours de douloureux anniversaire
d'il y a deux ans, toujours dans les mêmes termes, et avec les mêmes accents de douleur et
d'espérance chrétienne.

Cette perte cruelle t'a donné, chère Maman, une
charge de plus ; et Dieu sait avec quel cœur tu la
remplis ! Que petit Georges ne te donne pas trop
de peine à élever, et qu'il te procure toutes sortes

de consolations ! Je vois par ta lettre, que tu en es contente. Quant à l'avenir, il n'y a qu'à attendre les événements, et les laisser se dérouler selon la volonté divine. Que le Sacré-Cœur me conduise et agisse pour le mieux !

C'est ce qu'il allait faire en acceptant la vie que ce valeureux officier avait tant de fois volontairement exposée pour le salut de son pays.

« Le dimanche 28 novembre, écrit le Supérieur
« des Pères Jésuites d'Alep, le capitaine Laroque,
« après s'être confessé au Père Etienne, un vété-
« ran de la mission à barbe blanche, communia
« de ma main, à la messe de 8 heures. »

Le 3 décembre, il partit avec son bataillon pour Idlip, afin de se diriger du côté de Lataquieh, où l'on craignait un soulèvement.

La ville d'Idlip est au nord-ouest d'Alep. Quand le bataillon se trouvait à Idlip, on leur annonça que les rebelles leur barraient toutes les routes. Ils partirent néanmoins dans la direction d'Antioche. Au sortir de la ville, ils se heurtèrent à quelques groupes de rebelles ; ils en eurent vite raison ; mais, en même temps, on tira sur eux par derrière du côté de la ville, et, il y eut quelques victimes parmi nos troupes. La colonne continua sa route dans une région très accidentée ; et, sur le soir, occupa un village situé au delà d'un col en contre-bas. L'occupation se fit sans coup férir. Mais on s'aperçut que ce village, appelé Telltita, était dominé de l'autre côté par un piton où s'étaient postés les rebelles. Il fallait s'emparer de ce piton pour être en sécurité, et comme on n'était pas en nombre l'attaque de front s'imposait. L'attaque devait avoir lieu à 8 heures et demie du matin, le 9 décembre, et le capitaine Laroque en fut chargé.

« Comment dépeindre, écrit le lieutenant
« Luscan, ces engagements rapides où un ennemi
« habile nous harcelait d'une grêle de balles,
« tandis qu'il se tenait lui-même abrité dans les
« rochers, fuyant à notre approche, mais attentif
« à notre repli qu'il suivait avec ardeur.

« Au lever du jour, on décida donc d'enlever à
« l'adversaire une crête rocheuse située au nord-
« ouest, à 400 mètres, et qui dominait le village.

« La préparation d'artillerie commença. Pen-
« dant ce temps, le capitaine Laroque remarqua

« que des rebelles montaient de la plaine pour
« porter secours aux défenseurs du piton, posi-
« tion qu'il doit attaquer. Aussitôt, sa résolution
« est prise. Sans plus attendre, il donne le signal.
« Sa compagnie avance rapidement sous le feu.
« Un dernier effort et l'objectif tout entier sera
« acquis.

« En tête de ses hommes, le Capitaine les
« guide et les entraîne. Mais, les ennemis tien-
« nent bon. L'un d'eux, à très courte distance, le
« vise. Qu'importe ! En avant ! Hélas ! le coup
« est trop bien porté. Le capitaine Laroque tombe
« atteint d'une balle au ventre.

« Malgré sa blessure, le capitaine Laroque,
« dominant ses souffrances, continue à suivre de
« l'œil la progression de sa compagnie, jusqu'à
« ce qu'elle ait atteint l'objectif ; et, dans un
« admirable oubli de lui-même, il dit à son Com-
« mandant qui arrivait près de lui : Mon Com-
« mandant, la crête est prise ».

Il fut aussitôt transporté au village de Telltita,
où il reçut les premiers soins, au poste de secours
du docteur Rigoulet. Dès le premier abord, il

parle au médecin-chef de sa mère, de son enfant,
du vide que sa mort laisserait.

« Vers les quatre heures du soir, écrit le lieu-
« tenant Luscan, je pus enfin le voir. Je le trou-
« vai étendu sur un brancard ; et le grand calme
« qui apparaissait sur sa physionomie et qui
« m'avait frappé, n'était que le fruit de son
« admirable énergie. A ma demande : « Souf-
« frez-vous beaucoup, mon Capitaine ? — Oui,
« c'est atroce ! Par moments, j'ai peine à retenir
« des cris... Et, j'ai été blessé bêtement... J'ai vu,
« à cinquante mètres... l'homme qui me visait...
« et j'ai continué à marcher sur lui... sans réflé-
« chir...

« Ainsi, ajoute le lieutenant Luscan, voilà
« établi par son propre témoignage, dans ces ins-
« tants affreux qui ont précédé l'agonie, la
« preuve des cruelles souffrances qu'il a accep-
« tées jusqu'à les dominer après avoir vu la
« mort en face sans même qu'elle l'ait fait fré-
« mir ! »

Il était très calme, espérant sans doute survi-
vre à sa blessure, mais soumis avec la plus admi-

rable sérénité à la volonté de Dieu, qui avait été la note dominante de son âme pendant toute la guerre. Ses dernières paroles au lieutenant Luscan, au moment de se séparer expriment bien ce sentiment : « A la grâce de Dieu ! », lui dit-il.

« Profondément ému moi-même, a écrit le « même officier, je n'ai pu que lui redire ces « paroles d'espoir terrestre, mais surtout d'espé- « rance éternelle »...

Le même soir, vers onze heures, après une dou- loureuse agonie, le capitaine Laroque rendait son âme à Dieu, laissant à ceux qui le connaissaient le souvenir d'un officier modèle, sans peur comme sans reproche.

« Dans les accidents les plus terribles en « apparence, a écrit le P Faber[1] quand nous les « pouvons considérer sous toutes leurs faces, « nous retrouvons encore l'empreinte de l'amour « de Dieu. L'heure de la mort arrive au moment « le plus convenable et lorsqu'il est meilleur « pour les hommes de mourir ; ne peut-on pas

(1) Le Créateur et la Créature, Ch. II.

« l'espérer raisonnablement pour la plupart ? »

Ne peut-on pas croire qu'il en a été ainsi pour le capitaine Laroque ?

Pourquoi Dieu, qui l'avait si visiblement protégé au cours de la guerre ne l'a-t-il pas encore gardé à sa mère dans ce dernier combat après l'avoir sauvé de tant de dangers ?

Ce n'est pas à nous de sonder les desseins éternels du Très-Haut. Comme le dit si bien le R. P. Rigoulet, supérieur des Jésuites d'Alep : « Cette âme très droite devant le bon Dieu, très douce pour les siens vient d'être rappelée à un monde meilleur au moment où elle accomplissait son devoir. La sagesse de Dieu nous déconcerte parfois, nous voudrions qu'elle ait plus d'égards pour l'affection d'une mère, et pour la faiblesse d'un jeune orphelin ; mais, malgré tout, faisons confiance à cette sagesse divine dont tout le soin est de diriger les élus vers la vraie patrie. »

A la mère et au petit orphelin qui doivent désormais marcher seuls sur la terre, et dont le cœur brisé ne recevra plus ici-bas l'affectueuse tendresse du cher défunt ; à tous ceux qui ont connu et aimé celui qui a emporté tant de regrets nous dirons donc : Les trépas de cette guerre ne sont pas comme les autres ; ils font couler des larmes, mais ils exigent aussi de la fierté. Et lorsque ce sont ses plus fidèles serviteurs que Dieu rappelle à Lui dans l'auréole d'un sanglant sacrifice, il faut presque avoir le courage de se réjouir. Ne tournez pas vos regards vers la terre qui ne recouvre qu'un corps inanimé ; regardez le Ciel où Celui que vous pleurez est heureux pour toujours. Le bonheur d'un fils, d'un père, d'un ami, même au prix d'une séparation, devient une douceur. Ne nous répète-t-il pas, d'ailleurs, ce qu'il écrivait lui-même à son cousin, **M. François Laroque**, de Thiézac, au sujet de la mort de son fils Robert tué à Ourfa (Cilicie) :

Soyez courageux ! Votre foi vous aidera à supporter ce grand malheur. Consolez-vous avec la pensée que votre cher Robert a défendu vaillamment la cause de la France ; qu'il a fait tout son devoir : et surtout qu'il avait la sympathie de tous ceux qui l'approchaient. Un jour, nous nous retrouverons tous Là-Haut pour un bonheur plus complet que celui que l'on peut éprouver sur cette terre.

Allons ! Haut les cœurs !

Oui, Haut les cœurs ! Consolez-vous et surtout, soyez fiers d'avoir donné un héros à la France et un saint au Ciel!

—————————

APPENDICE

Nous ne saurions mieux terminer ces pages
biographiques qu'en reproduisant intégralement
quelques-uns des hommages rendus à la mémoire
du jeune et vaillant Capitaine, dont nous avons
essayé d'esquisser la noble physionomie. Ils
seront comme autant de couronnes de laurier
déposées sur sa tombe au nom de cette « douce
France », qu'il aima si passionnément et pour
laquelle si joyeusement il fit le sacrifice de sa
vie.

M. Lamouroux écrit :

. . . .

« Lors de mon arrivée au front, à Cany-sur-
Matz ,en janvier 1916, j'ai eu l'honneur d'être

versé à la 5e compagnie que commandait le sous-lieutenant Laroque.

« Dès les premiers jours, j'ai eu l'impression que c'était un officier possédant toutes les qualités requises à ses fonctions : brave au feu, bon pour ses hommes ; de l'initiative, rapide dans ses décisions.

« Pendant les trois semaines que nous avons occupé ce secteur, il faisait plusieurs fois par jour le tour des tranchées et prenait les dispositions utiles pour que ses hommes puissent remplir leur tâche avec le minimum de danger, leur causant en ami, et les réconfortant moralement. Toujours soucieux de leur bien-être, il s'occupait de la nourriture et disait souvent que « pour que le moral soit bon, il fallait être à hauteur physiquement. »

« Dans les rares moments de loisir que lui laissaient aux tranchées ses fonctions, et au repos, il se plaisait d'être avec quelques soldats, et de leur causer amicalement ; et, comme beaucoup étions du Massif-Central, il nous parlait du pays, de la famille, ce qui nous procurait un grand soulagement dans nos fatigues.

« Comme il était heureux après une journée si bien remplie de nous parler des siens ; et on sentait alors chez lui un délassement.

« Vers le 15 février, nous quittions ce secteur pour aller au repos. Pendant les étapes, il allait à droite, il allait à gauche, causant avec nous, remontant le courage à d'autres, défaillant par suite des fatigues de la marche ; en un mot s'occupant de ses hommes comme un père de ses enfants.

« Après trois jours de marche, on reçut l'ordre de se rendre à Verdun. Pendant les huit à dix jours que le régiment supporta les attaques nombreuses et meurtrières des Allemands, le lieutenant Laroque fut, au dire de mes camarades, au-dessus de tous éloges, au point de vue bravoure et sang-froid. En récompense de ses services, il fut promu lieutenant et décoré d'un Ordre russe.

« Quelle fut notre joie de nous retrouver ensemble à Saint-Dizier après cette terrible épreuve et avec quel plaisir tous les hommes lui causaient et étaient heureux qu'il soit sorti indemne de la fournaise, tant il était estimé et vénéré.

« Pendant le peu de temps que j'ai eu l'honneur de servir sous ses ordres, et avant comme après, au dire des camarades, le capitaine Laroque a toujours fait vaillamment son devoir ; et il n'avait qu'un but, en dehors du bonheur des siens, bien servir sa Patrie.

« Comme il tardait à faire coudre sur ses manches son deuxième galon, je me rappelle que plusieurs camarades et moi lui en fîmes la réflexion. Il nous répondit avec son sourire habituel, qu'il avait bien le temps, ce qui dénotait un modeste dans l'âme d'un héros. »

Le Docteur Bénech, un de ses amis d'enfance, que nous avons déjà cité, parle en ces termes de son camarade :

« Antonin, devenu homme, se révéla avec toutes les qualités qui marquent les hommes d'élite. Je l'ai vu, j'ai entendu des hommes qui l'ont encore mieux vu dans plusieurs circonstances où il montra qu'il était un homme accompli.

« Tout s'équilibrait harmonieusement chez lui ; la robustesse de son corps et la santé de son âme ; la bonté du cœur et la fermeté du commandement ; l'amour de la famille et celui de la Patrie.

« Je le vis au début, après une bataille, en rase campagne « où ils étaient arrosés », et où il me montra en souriant les lambeaux de sa capote meurtrie.

« Je le vis peu après sa nomination d'officier, au moment où il passait la revue de son peloton sous les yeux de son capitaine. Il n'était pas autrement habillé que ses poilus ; mais il s'en distinguait hautement par l'autorité de son attitude et de son regard. Je suis encore sous l'impression de son commandement et de la manœuvre de ses hommes. Je me dis : « Ça, c'est un chef. ! » Et, j'aurais été fier de servir sous ses ordres.

« Je le vis encore avant une attaque de 304, alors qu'il était venu me rendre visite, et repérer l'ambulance où il devait être transporté en cas de malheur. Quand il me quitta, rien ne trahissait chez lui la moindre inquiétude ; le ton de sa voix était aussi serein que pour le banal au revoir quotidien. Je passai des heures anxieuses dans l'attente du résultat; enfin, j'eus la joie d'apprendre par plusieurs hommes blessés au dernier moment qu'il était sauf.

« Pendant que je les soignais, au cours de la conversation, je n'entendais que des louanges au sujet de leur commandant dé compagnie...

« Antonin était aussi un chef moralement. Il incarnait la bonté, la justice, la vaillance. Calme dans les moments les plus difficiles, il exerçait un ascendant sur tous ceux qui l'entouraient. On aurait dit que cet ascendant il l'exerçait aussi sur la mort que tant de sérénité mettait en déroute. Car, toujours sur la brèche depuis le début, sans relâche, il lui était réservé la suprême récompense d'assister au grand triomphe dont il avait été un des grands artisans. »

Le COMMANDANT DUPLOUY, que le capitaine Laroque a eu l'honneur et le bonheur d'avoir pour chef, depuis novembre 1914 jusqu'au mois d'août 1919, ne parle pas d'une manière moins élogieuse de celui avec qui il a conservé des relations d'amitié jusqu'à la fin.

Il venait en juin 1920 de recevoir des nouvelles de son subordonné, lorsqu'il écrit :

« J'ai pu voir dans sa lettre qu'il est toujours le même Laroque, accomplissant son devoir dans les conditions les plus dures avec la même sérénité.

« Dans les circonstances les plus tragiques que nous avons pu traverser ensemble, il m'a toujours accueilli avec le sourire.

« Aussi, l'estime que que j'ai toujours eue pour lui est-elle pleinement justifiée ; et il n'y a de ma part aucun mérite ; les faibles marques que j'ai pu lui donner de cette estime n'étaient qu'un hommage obligatoire à ses qualités. »

. . . .

Voici ce qu'écrit à sa mère le LIEUTENANT-COLONEL D'AUZAC, dont le Capitaine fut le subordonné en Pays Rhénans et à son arrivée en Syrie :

« Le Capitaine votre fils était un vigoureux

officier, gai et plein d'entrain, que j'avais reçu au 2ᵉ Tirailleurs pendant que le régiment était en occupation en Allemagne ; ses notes obtenues pendant la guerre étaient parmi les plus brillantes et il avait beaucoup contribué en Pays Rhénans à porter très haut la réputation du régiment dans les concours sportifs, grâce à sa jeunesse et à sa vigueur.

« J'appris malheureusement un jour qu'il avait été tué au cours d'une colonne. J'en fus très peiné, Madame, et je vous renouvelle ici l'expression de mes plus sincères condoléances, après un aussi terrible sacrifice qui a enlevé ce bel officier à l'Armée de Levant. »

. . . .

Le LIEUTENANT COFFRE qui prit le commandement après la blessure de son capitaine écrit à sa famille : « . . . .

« Je puis vous dire que le capitaine Laroque était un brave et un chef admirable ! C'était aussi un brave cœur ; et, il a laissé au bataillon des regrets sincères et un inoubliable souvenir.

« Petit Georges pourra penser avec fierté à son pauvre papa ! »

. . . .

Le Lieutenant Luscan rend de lui le témoignage suivant : « . . . .

« Dès son arrivée au 19ᵉ R. T. A., le capitaine Laroque, par son caractère ouvert et franc, par sa fermeté, son entrain communicatif, son extrême bienveillance à l'égard de ses officiers et de ses hommes à qui il était si entièrement dévoué, avait conquis la sympathie de tous. Ce dévouement et la force de son exemple l'imposaient sans cesse à ses hommes. »

. . . .

Le Commandant André fait son éloge dans un récit palpitant des faits vécus en colonne, et autour d'Aïntab : « . . . .

« Actif, dévoué, zélé, ayant une haute idée de son rôle d'officier ; caractère droit, d'une bravoure qui s'affirmait dès les premiers combats, le capitaine Laroque avait vite conquis l'estime de ses chefs, de ses camarades et de ses subordonnés.

« Dès son arrivée au bataillon, il avait l'occasion de donner la mesure de ses qualités.

« Dans la nuit du 30 au 31 juillet, les 5e et 6e compagnie, rivalisant de vitesse et d'audace, se jetaient à la baïonnette sur une position de batterie turque, et continuaient leur course à la poursuite des Turcs en fuite.

« Le 2 août, c'était la course à la suite des Turcs que nous reconduisions jusqu'à l'Euphrate, après une étape de 44 kilomètres sans eau. Le capitaine Laroque, soucieux de ses hommes, oubliait sa propre fatigue et ses souffrances pour organiser les corvées d'eau dès l'arrivée au bivouac.

« C'en était fait ; l'intrépidité de l'attaque du 30 juillet, sa sollicitude pour les hommes le 2 août lui gagnaient l'estime de tous.

« Et depuis, les combats succédaient aux combats ; et partout Laroque confirmait ses qualités manœuvrières, en même temps que sa bravoure et son mépris du danger.

« Entre autres actions, il se faisait particulièrement distinguer le 10 août pendant l'attaque du défilé qui précède Aïntab. Chargé d'appuyer l'attaque de la compagnie de gauche ; et, voyant les difficultés qu'éprouvait la compagnie de droite pour s'emparer d'une crête, il prenait l'initiative d'envoyer une section à la compagnie de droite. Cette section attaquant l'ennemi de flanc le mettait en fuite, et permettait à la compagnie de droite de s'emparer de la crête.

« Le 21 et le 22 août, le bataillon avait la mission de s'emparer d'une montagne où s'étaient retranchés les Turcs, de venger l'échec que la veille un bataillon avait subi et de ramener les cadavres laissés entre les mains des Turcs.

« La 5ᵉ compagnie menait l'attaque si vivement, malgré une grêle de balles tirées par un ennemi admirablement retranché et approvisionné) que les Turcs étaient abordés à la baïonnette avant qu'ils aient pu s'enfuir. Le bataillon voisin était vengé, nos cadavres étaient ramenés, ainsi que bon nombre de prisonniers turcs.

« Je ne parlerai pas des nombreux et journaliers combats que nous avons livrés autour d'Aïntab et pendant lesquels le capitaine **Laroque** n'a mérité que des éloges et des félicitations ; mais avant de terminer je citerai encore un autre trait de lui.

« Dans les premiers jours de septembre, pendant une marche d'Aïntab sur Nézib, la 5e compagnie était à l'avant-garde, et se heurtait à une série de résistances organisées. La cavalerie n'eut pas le temps d'intervenir que les crêtes étaient déjà balayées. Mais, tout à coup, nous étions soumis au feu de l'artillerie turque. La 5e compagnie accélérait sa marche foudroyante sous les obus ennemis pour menacer les batteries turques, les obliger à déguerpir et faire disparaître ainsi le danger qui menaçait le reste de la colonne et le convoi. L'ennemi était bousculé avec une telle vigueur qu'il ne paraissait plus pendant les sept jours que dura notre expédition.

« Avec de tels officiers, un chef éprouve les plus grandes et les plus légitimes satisfactions de carrière. Mais aussi, quels regrets lorsqu'il faut quitter de pareils hommes, camarades de combats, de privations et de souffrances ; et quelle douleur plus tard lorsqu'on apprend la perte d'un de ces braves !

« Que sa brillante conduite soit pour la pauvre mère et pour les siens une consolation à la cruelle perte que vous avez éprouvée. »

. . . .

Le Commandant About, qui succéda au commandant André au bataillon et qui présida le dernier brillant fait d'armes du capitaine Laroque, en parle ainsi :

« Le pauvre Laroque fut blessé à 8 h. 30, au moment où il exécutait l'ordre reçu de reprendre une crête qui dominait le camp, crête reprise presque aussitôt... Il a eu la malechance d'être touché d'une balle. Il a d'ailleurs continué de suivre de l'œil la progression de sa compagnie, d'une façon qui m'a prouvé une fois de plus sa conscience d'officier et son courage, jusqu'à ce que la compagnie fût arrivée à l'objectif, avec la belle abnégation et le beau courage dont il a fait preuve dans toute sa carrière. C'est lui qui m'a dit au moment où j'arrivais près de lui : « Mon Commandant, la crête est à nous ! » Personnellement, j'ai été très affecté de la mort de Laroque ; c'était un excellent officier, en qui j'avais une confiance absolue, d'une bravoure et d'un courage - raisonnés remarquables. Sa mort est une grosse perte pour le Bataillon. »

. . . .

Le Colonel Andréa qui prit Aïntab nous fait aussi l'éloge du Capitaine : « . . . .

« La mort du capitaine Laroque a été à la fois un grand deuil et une grande perte pour le régiment dont il était l'un des officiers les plus brillants et les plus aimés. Il est mort en brave, en Français en en chrétien. La Légion d'Honneur à titre posthume est demandée pour lui ; il l'avait bien méritée par sa superbe conduite au cours des nombreux combats auxquels il avait pris part depuis son arrivée au Levant. » . . . .

Le transfert des restes du Capitaine dans le caveau de famille à Thiézac (Cantal)

Le 28 décembre 1921 eut lieu, à Harim, l'exhumation du corps du capitaine Laroque. D'après le procès-verbal dressé par les officiers délégués à cet effet, son corps, qui avait été recouvert de chaux lors de l'inhumation, le 10 décembre 1920, fut retrouvé parfaitement conservé.

Après identification du cadavre, il fut déposé dans un double cercueil et, toutes dispositions prises, dirigé sur Alexandrette.

M. l'abbé Mascle, aumônier titulaire de la 4e division du Levant, écrivait, le 4 janvier 1922, à la famille du capitaine Laroque :

« J'ai l'honneur de vous faire connaître qu'aujourd'hui même j'ai fait le transfert religieux de la dépouille mortelle du capitaine Laroque, de l'hôpital où son corps avait été amené ces jours derniers au bateau « Batavia » qui doit le ramener en France.

« L'armée, d'une façon très solennelle, par des délégations de toutes armes, et un très nombreux cortège a pris part à la cérémonie funèbre.

« Je souhaite qu'il arrive sans retard à destination et que le corps du vaillant Capitaine reçoive dans son pays et au milieu des siens les honneurs qu'il a mérités.

« Pour nous, en le suivant par la pensée, nous continueront à prier pour lui et pour tous ceux dont les obsèques vont aviver le deuil. »........

Le 22 janvier, le corps du cher officier arrivait à Thiézac où il devait être inhumé dans le tombeau de famille avec son épouse, dont le transfert se fit le même jour du cimetière d'Aurillac.

Le journal « *L'Auvergne Républicaine* », dans son numéro du 28 janvier fit ainsi le récit de ces touchantes obsèques :

« Notre vieille et belle église de Thiézac a été, mercredi 25 janvier, le théâtre d'une bien douloureuse et émouvante cérémonie. Sous le grand

catafalque, deux cercueils, côte à côte, réunissaient dans la mort et pour toujours ensuite dans
le tombeau de famille, deux jeunes époux qui
s'adoraient, et pour qui la vie fut une véritable
tragédie : Madame Laroque, née Champeix, et le
capitaine Antonin Laroque, tombé glorieusement
pour la France, en Syrie, à l'âge de 32 ans; et de
cette union, il ne reste qu'un petit enfant de
4 ans.

« Aussi, une foule nombreuse, comprenant
toutes les notabilités de Thiézac et de nombreux
parents et amis venus d'Aurillac assista profondément émue à ces obsèques.

En tête du cortège marchait une délégation de
la section des mutilés de Vic-sur-Cère, avec son
drapeau ; devant le char funèbre, un drap mortuaire était porté par MM. les lieutenants
Brunhes, Chauvet, Géronimi et M. Auriach, facteur à Aurillac. Un drapeau tricolore portant pour
devise : *Dieu et Patrie* recouvrait le cercueil du
héros. Le deuil était conduit par M. Champeix,
père de Mme Antonin Laroque ; par M. Laroque,
de Thiézac, cousin et tuteur du Défunt, bien
éprouvé lui-même puisqu'il a donné à la Patrie

son fils unique, tombé glorieusement à Ourfa (Syrie) ; et par les deux mères : Mme Laroque et Mme Champeix. De nombreux parents et amis, dont plusieurs prêtres, prenaient part à la douloureuse cérémonie.

« {Au cimetière, le lieutenant Géronimi, au nom des camarades du capitaine Laroque, lui fit un dernier adieu, et M. Pagès, directeur du Comptoir d'Escompte d'Aurillac, prononça ensuite, avec une émotion intense et communicative, le magnifique discours suivant :

Mesdames, Messieurs,

Quelle poignante cérémonie que celle dont nous sommes, à cette heure, les témoins attristés !

Deux cercueils viennent d'être déposés côte à côte dans un même tombeau.

L'un rapporte d'Orient la dépouille glorieuse d'un héros : le capitaine Laroque, croix de guerre, décoré de l'Ordre russe de Saint-Stanislas, proposé pour la Légion d'honneur à titre posthume, mort pour la France en Syrie, à trente-deux ans.

L'autre renferme les restes mortels de celle qui fut l'épouse de ce héros : Mélanie Champeix, morte à vingt-cinq ans.

Au bord de ce tombeau, une mère pleure son fils

unique, gardant à son foyer un enfant de quatre ans qui n'aura pas connu sa mère et qui ne pourra que très imparfaitement se rappeler la bonne et douce physionomie de son père, qu'il n'aura presque jamais vu.

O Patrie ! que les sacrifices que tu nous imposes sont grands ! O mon Dieu ! que vos épreuves sont douloureuses !

Lorsque la guerre éclata, j'avais l'honneur de compter Laroque au nombre de mes collaborateurs, à l'Agence du Comptoir National d'Escompte, à Aurillac.

C'est pourquoi, malgré l'émotion qui m'étreint devant un tel spectacle, j'estime qu'il est de mon devoir de lui adresser un suprême « Au revoir », après avoir retracé brièvement son existence si courte, mais si noblement remplie.

Laroque était né à Marchastel le 2 octobre 1889, de parents qui lui inculquèrent, dès sa plus tendre enfance, des principes de travail, de devoir et d'honneur, qui le guidèrent toujours.

Après de sérieuses études au Lycée d'Aurillac, d'où il sortit avec le diplôme de bachelier ès lettres, il fit un stage préparatoire au concours de la Banque de France, puis il partit au régiment.

Il accomplit son service militaire au 139e d'infanterie qu'il quitta en septembre 1912 avec le grade de sergent.

C'est à cette époque qu'il entra au Comptoir. Il

y fut un employé parf.. t, car il réunissait toutes les qualités requises pour cela: intelligence, instruction, assiduité, travail soutenu, exquise urbanité envers la clientèle.

Mais, après les hauts faits militaires accomplis par Laroque, il serait vraiment puéril de s'étendre plus longuement sur ses qualités d'alors.

L'heure de la mobilisation générale sonna. Je garderai toujours le souvenir de cette journée tragique qui me séparait du plus grand nombre de mes collaborateurs, dont trop, hélas ! ne devaient pas revenir !

Laroque, qui les aimait, m'en voudrait si, du bord de sa tombe, je n'adressais pas un souvenir ému à Delsuc, Dosmas, Julia, Lasmartres, Loubeyre, tombés comme lui au champ d'honneur, sans oublier Goutel, mort il y a quelques mois seulement, des suites d'une maladie contractée à Salonique.

Je ne suivrai pas Laroque sur tous les champs de bataille où il combattit, ce serait trop long.

Qu'il me suffise de rappeler que de 1914 à 1918, il fit campagne avec le 139e et qu'ensuite, il passa au 2e tirailleurs algériens, pour savoir qu'il se trouva partout où il y avait des souffrances à endurer, du courage à déployer, du danger à courir.

Son instruction et son intelligence, auxquelles s'ajoutèrent la bravoure et l'esprit d'initiative, lui permirent de conquérir rapidement les galons d'offi-

cier. *Sous-lieutenant dès 1914, il était lieutenant en 1916 et capitaine en 1917.*

Ce que fut sa conduite sur le champ de bataille, les citations dont il fut l'objet l'attestent mieux que je ne saurais l'exprimer :

Le 29 octobre 1916, citation à l'ordre de la division :

Officier remarquable, modèle d'énergie et de bravoure. A montré, en toutes circonstances, le plus grand mépris du danger. Au combat du 4 septembre 1916, a brillamment entraîné sa compagnie à l'assaut des lignes allemandes, atteignant d'un seul élan l'objectif fixé et maintenant ses hommes sur la position conquise, malgré un bombardement d'une extrême violence.

Le 11 septembre 1917, citation à l'ordre du corps d'armée :

Officier d'un courage tranquille. A brillamment conduit sa compagnie au feu en mars 1916 au Mort-Homme, en septembre, devant Chaulnes, aux attaques de Saint-Quentin et enfin au cours des derniers combats où il l'a maintenue pendant plusieurs jours sous un violent bombardement.

Le 26 juin 1918, citation à l'ordre de la division :

A fait preuve du plus grand calme dans les circonstances périlleuses où s'est trouvée sa compagnie le 2 juin 1918 ; le matin, sachant tenir l'ennemi en respect malgré sa supériorité numérique, le soir en opérant avec succès un mouvement de glissement et de retrait de section en contact immédiat avec l'adversaire.

Le 19 février 1921, citation à l'ordre de l'armée du Levant :

Officier énergique et plein d'allant, qui s'est particulièrement distingué depuis son arrivée au Levant. Tombé glorieusement le 9 décembre 1920, en entraînant ses troupes à l'assaut des positions ennemies à Telltita.

Et le Colonel, qui vient d'adresser cette citation à la famille, ajoute que la Légion d'honneur, dont il a trouvé la proposition dans les archives du régiment, suivra son cours et sortira incessamment.

S'il était besoin d'une suprême preuve de la bravoure de Laroque, on la trouverait dans sa mort. J'en extrais le récit d'une lettre d'un lieutenant de son régiment :

Le 9 septembre, au lever du jour, on décide d'enlever à l'adversaire une crête qui domine le village de Telltita. La cinquième compagnie — celle du capitaine Laroque — est désignée. L'artillerie couvrira l'ennemi jusqu'à 9 heures, heure de l'attaque. Vers 8 heures 30, le capitaine Laroque aperçoit des renforts ennemis se diriger vers la position qu'il doit attaquer. Aussitôt, sa décision est prise. Sans plus attendre, il donne le signal. Sa compagnie avance rapidement sous le feu ; un dernier effort et l'objectif tout entier sera conquis. En tête de ses hommes, le capitaine Laroque les guide et les entraîne.

Mais les ennemis tiennent bon. L'un d'eux, à très courte distance, le vise. Qu'importe ! En avant ! Hélas, le coup est trop bien porté ; le capitaine Laroque tombe, atteint d'une balle au ventre.

Malgré la gravité de sa blessure, il suit de l'œil les progrès de sa compagnie et, lorsque son commandant s'approche de lui, oubliant sa souffrance, ses premières paroles furent pour lui dire, sans forfanterie, mais avec courage et fierté : « Mon commandant, la crête est prise ! »

Il mourait le soir même à 22 heures 30, non seulement en vaillant soldat, comme Bayard « sans peur et sans reproche », mais encore en parfait chrétien qu'il fut toujours. A la grâce de Dieu ! ne cessait-il de répéter avec résignation aux camarades qui venaient tour à tour lui tenir compagnie ; et quelques jours auparavant, il s'était nourri du Pain des forts.

Je devine, mon cher Laroque, les pensées qui as-saillirent votre esprit pendant les quatorze heures que dura votre douloureuse agonie, dans une ambulance, là-bas, si loin de votre famille et de votre Patrie !

Vous revîtes une dernière fois les lieux de prédilection de votre chère Auvergne : Saint-Pierre, Marchastel, Thiézac, et deux collines dominant Aurillac, l'une où reposait celle qui est aujourd'hui de nouveau près de vous, et l'autre où, dans un couvent cloîtré, vit une bonne et pieuse religieuse qui fut pour vous une seconde mère et pour laquelle vous aviez une affection filiale.

La pensée de la peine que votre mort allait occasionner à votre famille, fut atténuée chez vous par la joie d'aller retrouver la compagne qui vous avait été si brusquement ravie.

Laroque, en effet, ne s'était pas contenté de faire vaillamment son devoir sur le front, il avait tenu à le faire aussi à l'arrière.

Je me rappelle encore ses paroles lorsqu'il vint me faire part de son mariage. Il ne suffit pas pour l'avenir de la France, me dit-il, de tuer beaucoup de Boches et de remporter la victoire, il faut aussi combler les nombreux vides qui se creusent tous les jours.

Voilà pourquoi, en 1917, voulant accomplir son devoir de bon Français jusqu'au bout, il s'unissait à Mlle *Mélanie Champeix pour fonder un foyer*

En mars 1918, la naissance d'un petit garçon vint combler de joie le jeune ménage. Mais, hélas ! quelques mois plus tard, en octobre, Laroque recevait au front des nouvelles alarmantes sur la santé de sa femme et il ne pouvait pas arriver assez tôt pour l'embrasser une dernière fois.

Je vous vois, Madame, sur votre émouvante image mortuaire, la figure souriante, le regard plein de joie et de confiance dans l'avenir, car votre main s'appuie sur la robuste épaule de votre mari. Il sourit, lui aussi, car il est heureux d'avoir trouvé la compagne digne de lui, à laquelle il vient de jurer soutien, amour, fidélité.

Et voilà que déjà ces sourires se sont éteints sur vos lèvres glacées et que vos beaux rêves de jeunes mariés sont ensevelis dans vos deux cercueils.

Mais cette image contient une conslation dans sa tristesse. Dieu les avait unis, Il les a réunis, y est-il dit.

C'est, mon cher Laroque, dans la confiance la plus absolue en cette résurrection qui permettra de nous retrouver un jour, que je vous dis : Au revoir !

Et vous, Madame, qui n'aviez encore fait que passer à Thiézac où vous deviez, avec votre mari, vivre des jours heureux, soyez persuadée que vous ne serez pas, ici, en terre étrangère.

De même que notre vallée de la Cère, où vous allez reposer, est la plus belle de la région, de même ses

'habitants y sont des plus hospitaliers. Nul ne s'in-
clinera jamais devant la tombe de votre mari sans
avoir un souvenir ému pour celle qui fut sa compagne et qui mourut si jeune !

Parfois, votre sommeil sera troublé par un vent
violent que vous n'aurez jamais entendu souffler.
Dévalant avec fureur des hautes montagnes qui vous
environnent, il fera tourbillonner une multitude de
petits papillons blancs. Ce sera « l'écir ». Ne crai-
gnez rien ; il n'est méchant que pour les vivants ;
il est bon, au contraire, pour les morts qu'il pré-
serve du froid en recouvrant leur tombe d'un épais
manteau d'hermine.

Mais parfois, aussi, montera jusqu'à vous le doux
murmure du Pas de la Cère. Alors, vous reconnaîtrez
le parfum du souffle qui vous l'apportera, car il
aura caressé vos tendres bruyères roses, et vous vous
croirez chez vous.

C'est pour ne pas trop vous éloigner, j'en suis per-
suadé, que votre mari, avec la délicatesse qui le
caractérisait, a demandé que vous reposiez tous deux
ici plutôt qu'à Marchastel qu'il affectionnait tant,
car c'est là qu'il était né et qu'il avait vécu les meilleurs moments de son enfance.

Dormez donc en paix, Madame !

A vous tous, parents trop légitimement désolés,
je n'essaierai pas d'adresser de vaines paroles de
réconfort.

Mais, en sortant de ce cimetière pour revenir à

Thiézac, regardez au-dessus du bourg. Vous apercevrez à mi-côte, blottie contre les rochers qui l'abritent, une très vieille et très modeste chapelle.

Lorsque, de Saint-Pierre, de Junhac, ou d'Aurillac, vous vous transporterez par la pensée au bord de cette tombe que nous allons quitter, revoyez aussi cette humble chapelle, car elle porte un nom bien doux pour ceux qui sont dans l'affliction :

Notre-Dame de Consolation !